SCHÖNHEIT MIT SCHALOM

Heilung jüdischer und deutscher Wunden

Christiane Leimbach

Impressum

© 2021 Christiane Leimbach

Autor: Christiane Leimbach

Umschlaggestaltung, Illustration: Wolfgang Pelz

Verlag & Druck: tredition GmbH, Halenreie 40-44, 22359 Hamburg

Paperback: 978-3-347-29003-7
Hardcover: 978-3-347-29004-4
E-Book: 978-3-347-29005-1

Bibliografische Information der Deutschen Nationalbibliothek: Die Deutsche Nationalbibliothek verzeichnet diese Publikation in der Deutschen Nationalbibliografie; detaillierte bibliografische Daten sind im Internet über http://dnb.dnb.de abrufbar

Inhaltsverzeichnis

Schönheit mit Schalom

Heilung jüdischer und deutscher Wunden

SCHÖNHEIT MIT SCHALOM

Heilung jüdischer und deutscher Wunden

Vorwort

Ich danke dem Gott Israels dafür, dass er sein Volk Israel erschaffen hat. Israel danke ich für die großen geistlichen Gaben, die ich von ihm empfangen durfte: Die Bibel mit ihren 5 Büchern Moses, den Propheten und den Schriften und dem Neuen Testament (hebr. Brit Chadascha)Die Liebe dieses Gottes hat mein Leben verändert, befreit und geheilt. Wenn es diesen Gott und dieses Volk nicht geben würde, würde die ganze Welt immer noch Sonne, Mond und Sterne anbeten.

Attraktivität

Wollen wir nicht alle attraktiv und schön sein? Sicher wollen wir das – sowohl Männer als auch Frauen, wenn auch auf unterschiedliche Weise. Schließlich sind unsere Vorvorfahren Eva und Adam im Paradies in makelloser

Schönheit erschaffen worden. Sie lebten in einer engen Liebesbeziehung mit Gott.

Nach ihrer Sünde mussten sie den Garten Eden verlassen, ein tiefer Riss ging durch ihr Leben. Das was da geschah, war „unschön". Das Gefühl der Geborgenheit, des Angenommen Seins, war zerstört.

Viele Menschen versuchen diesen Bruch durch Erfolg, gutes Aussehen, Geld und Macht in verschiedensten Formen zu heilen. Häufig gelingt das nur sehr unvollkommen.

Im Folgenden erkläre ich, wie Heilung dieses Bruchs für verschiedene Aspekte unseres Lebens geschehen kann, wie wir uns wieder unserer ursprünglichen Attraktivität und Schönheit annähern können.

Ein gewisser Schwerpunkt liegt dabei speziell für jüdische Freunde auf der Heilung des Holocaust-Traumas. Hier wird auf neue, überraschende Erkenntnisse hingewiesen, um die ich lange und schmerzlich gerungen habe. Ich hoffe damit, zur inneren Heilung jüdischer Freunde beizutragen, damit in die jüdische Seele Schönheit mit Schalom einziehen kann.

Ich habe mich jedoch bewusst dafür entschieden, mich mit meinen Ausführungen nicht ausschließlich dem Holocaust zu widmen, weil ich nicht glaube, dass dieser mit seinen schrecklichen Konsequenzen die endgültige und ausschließliche Befindlichkeit des jüdisches Volkes ist, sondern dass Gott eine viel bessere Zukunft für sein Volk hat. Dafür müssen jedoch bestimmte Schritte unternommen werden, die dann zur Heilung führen können.

Aussehen

Hat Ihr Aussehen Sie schon mal zur Verzweiflung getrieben?

Finden Sie sich zu dick, zu dünn, Ihre Figur unförmig, Ihre Haut fahl, ohne Frische, ohne Ausstrahlung?

Dann stellen Sie sich doch einmal nackt vor den Spiegel – so wie Gott Sie geschaffen hat. Fürchten Sie sich nicht vor dem, was Sie sehen. Auch wenn Sie zu dick sein sollten, zu viele Falten haben oder sonstige körperliche Mängel: Gott liebt Sie so wie Sie sind. Nehmen Sie sich erst mal so an, wie Sie jetzt sind Das ist die Basis für eine positive Veränderung.

König David hat Psalm 139 gedichtet:

„Ich danke dir, dass ich wunderbar geschaffen worden bin! Wunderbar sind deine Werke, das erkennt meine Seele!"

Das sollten Sie laut aussprechen – am besten jeden Tag. Viele Übergewichtige hassen ihren dicken Körper und dieser Selbsthass führt zu so viel Frust, dass Stress-Essen die Folge ist.

Lieben Sie sich und Ihren Körper und nehmen Sie sich auch trotz Ihrer Makel an. Gott liebt Sie auch so, wie Sie jetzt sind. Bitten Sie ihn doch, Sie und Ihren Körper in das Bild zu verändern, das er von Ihnen hat.

Schaffen Sie kein eigenes Bild von sich. Manche jungen Frauen wollen ein super dünnes Model sein. Wir sollen nicht dick und übergewichtig sein, aber ein krankhaftes Hungern, um Modellmaße zu erreichen, kann zur Selbstzerstörung, Zerstörung aller sozialer Beziehungen, Eheproblemen und Magersucht führen.

Auch jüdische Freunde können unter ihrem Aussehen leiden. Nehmen Sie sich bewusst an als Jüdin, als Jude, gerade auch mit Ihrem jüdischen Aussehen. Sie gehören zu dem von Gott erwählten Volk. Ein Sprichwort besagt, dass Gott 99% aller Schönheit über das jüdische Volk ausgegossen hat. Nehmen Sie diese Schönheit bewusst wahr und genießen Sie sie.

Gastfreundschaft

Gastfreundschaft wird schon lobend in der Bibel erwähnt. Wer gastfreundlich ist, nimmt vielleicht Engel auf, wie einst Abraham. Ich habe auch schon viele Engel gastfreundlich bewirtet. Auch, wenn sie sich nicht immer wie Engel benommen haben. Wenn ich Schabbat mit einem Ehepaar gefeiert habe, sowohl die Wohnung als auch Speisen und Getränke liebevoll arrangiert habe und die beiden sich dann fürchterlich gezankt haben und mich verwirrt und zornig zurückgelassen haben – dann, ja dann hatte ich auch schon mal Schwierigkeiten mit meiner eigenen Gastfreundschaft.

Aber nein, ich entschied mich, unendlich viel mehr Spaß und Freude als Ärger dabei gehabt zu haben.

Neulich bewirtete ich einen sächsischen Herrn. Ich liebe ja das Volk der Sachsen und finde, die Beziehungen zwischen Berlinern und Sachsen sollten unbedingt verbessert werden. So habe ich mich entschlossen, das Sächsische zu erlernen, um mit diesem schönen Volk besser kommunizieren zu können. Zu meinem Geburtstag erbat ich von besagtem Herrn das Buch „Sächsisch für Anfänger", Thomas Nicolai, Langenscheidt, 2018.

Mein sächsisches Lieblingswort ist „Ei forbibsch", was auf Hochdeutsch ungefähr heißt: „Donnerwetter".Dies habe ich auch immer wieder voller Begeisterung gesagt, bis mir besagter Herr wutentbrannt erklärte, „ei forbibsch" sei mega-out in Sachsen, man sage es gar nicht mehr, nein gar nicht mehr. „Das ist ein völlig unmodernes Wort in Sachsen!"

Ich will das Wort aber behalten. Wenn ich schon Sächsisch lerne, will ich mein Lieblingswort behalten!

Der Herr und ich tafelten zusammen und aßen meinen köstlichen käseüberbackenen Hokaidokürbis, von dem er auch ganz begeistert war. Außerdem führten wir uns „in Massen" Walnüsse zu, die von einem heimischen Walnussbaum seines sächsischen Gartens stammten und tranken dazu einen vorzüglich Bio-Rebensaft, der auch aus Sachsen importiert. war. Plötzlich sprach er energisch Folgendes zu mir:

„Du musst aufhören so viele Walnüsse zu essen, du wirst zu dick!"

Na ja, ich muss zugeben, dass ich mich schon von diesem Herrn gekränkt fühlte, schließlich hört keine Frau gerne von einem Mann, dass sie zu dick sei. Aber vielleicht hatte er ja auch ein bisschen recht.

Die Weinflasche aus dem Land der Sachsen war so hübsch gestaltet, dass ich sie nicht weggeworfen habe, sondern aufbewahre. Ich stelle eine Rose hinein und segne leise Sachsen aber auch meine geliebte Stadt Berlin. Mögen die berlinisch-sächsischen Beziehungen doch gesegnet werden!

Ich genieße meine Gäste, auch wenn sie leider manchmal ungenießbar sein können – aber, wenn ich ehrlich bin: Das kann ich manchmal auch sein. Viele meiner Gäste sind aber wunderbar. Mit einigen bin ich schon im

Hof meines Hauses herumgelaufen, wir haben die israelische, deutsche und andere Fahnen geschwenkt, über Gott und die Welt diskutiert und die herrlichsten Speisen verzehrt.

Von Küchenkenntnissen verschiedenster Art lass ich mich immer wieder zu köstlichen und kreativen Gerichten hinreißen. Ja, ich koche leidenschaftlich gern. Einmal für mich, aus Liebe zu mir selbst. Aber auch für meine Freunde stelle ich mich gern an den Kochtopf und koche und schnipple stundenlang wie eine jiddische Mamme.

Als „Tafelmusik" singen wir gerne herrliche messianische Lieder.

JA, ICH LIEBE MEINE GÄSTE!!!!!!!!!!!!

EI FORBIBSCH!!!!!!!!!!!

Bitterkeit

Wissen Sie, dass Bitterkeit der schlimmste „Schönheitsfresser" ist? Ich habe in Berlin schon Frauen gesehen, die sehr elegant gekleidet waren. Die Kleidung schien von berühmten Designern zu sein.

Das Gesicht einer Dame war eine perfekt geschminkte Maske. Leider hatte sie einen Ausdruck von bitterer Schärfe im Gesicht, der dieses positive Outfit zerstörte.

Aber Bitterkeit kann nicht nur ein Makel der Reichen sein. Fast alle Menschen haben damit zu kämpfen. Häufig gibt es Verletzungen in unserem Leben, die noch nicht geheilt sind. Manchmal hat es schon einen Liebesmangel in unserer Kindheit gegeben. Auch durch fehlgeschlagene Partnerschaften oder auch durch Selbsthass können schlimme Verletzungen entstehen. Letzteres kann stattfinden, wenn wir uns selbst Sünden nicht vergeben können oder wenn wir zu perfektionistisch sind, uns selbst zu immer größeren Leistungen antreiben und nie zufrieden sind mit uns selbst.

Oder weil wir anderen, die uns verletzt haben, nicht vergeben können. Auch mir ist das passiert. Ich wurde sogar depressiv und hatte mit Selbstmordgedanken zu kämpfen und konnte keine Heilung für meine inneren Verletzungen finden. Mir ging es erst dann besser, als ich die Entscheidung traf, zu vergeben. Trotzdem waren meine Gefühle nicht geheilt. Heilung trat erst dann ein, als ich die Person, die mich verletzte segnete. Aus mir selbst heraus hätte ich dies allerdings nie gekonnt.

Ich bat Jesus, auf hebräisch Jeschua, um Hilfe. Er ist der jüdische Messias, der für meine Sünden als Lamm ohne Fehl und Tadel geopfert wurde, als Sse Elohim, Lamm Gottes.

Durch ihn habe ich wahren Frieden erfahren. Trotzdem traten in meinem Leben noch schwere Konflikte und Verletzungen auf.

Mir half ein Gebet weiter, das ich fast jeden Tag bete und dass ich Ihnen auch empfehle:

Ich segne und vergebe....(Namen der verletzenden Person)
Ich bitte um Vergebung für meine Bitterkeit und meinen Hass gegenüber ... (Name)
Jeschua-Jesus bitte heile unsere verletzte Beziehung und schenke uns neue Liebe füreinander

Burn-Out

Immer mehr Menschen leiden unter Burn-Out. Das kann definiert werden als die mangelnde Fähigkeit, sich und andere zu lieben und sich selbst noch bestimmte Leistungen zuzutrauen. Zu Beginn dieser Symptomatik zwingen sich die Betroffenen aus Angst, möglichst noch mehr zu arbeiten und auch in Beziehungen zu sich selbst oder zu anderen „perfektes Auftreten und perfekte Leistung zu erbringen". Aber das erhöht die Drehzahl so sehr, dass wir immer mehr nachlassen und – wenn nicht vorher ein Stopp gesetzt wird – der Zusammenbruch unvermeidlich ist.

Häufig glaubt man, dass Überforderung, schlechte Beziehungen, Stress und Streit die Ursachen für den Burn-Out sind.

Dies ist jedoch nicht der Fall. Vielmehr ist es die Art und Weise, wie wir mit diesen Stressfaktoren umgehen.

Schon am Anfang steht die grundsätzliche Entscheidung, ob wir uns als „Leistungswesen" sehen, als jemand, der immer richtig zu „funktionieren" hat, sei es im Beruf, in der Gemeinde oder in der Familie bzw. in Freundschaften und Beziehungen.

Dem kann auch eine negative Prägung in der Familie zugrunde liegen: Wenn ein Kind nur Liebe gegen Leistung bekam, wenn ihm vermittelt wurde, dass allein sein gutes Benehmen, die Erfüllung gestellter Aufgaben oder auch die perfekte Einhaltung bestimmter religiöser Pflichten wichtig sind, dann wird dieses Kind nicht um seiner selbst willen geliebt.

Das aber ist genau das, was Gott uns in Jeschua anbietet: Wir sind um unserer selbst willen geliebt, für uns aus Liebe und Hingabe hat der Messias Jesus sein Leben gegeben und einen grausamen Tod erlitten. Wenn jetzt aber die oben beschriebene negative Prägung zugrunde liegt können wir nicht so leicht aus dieser Haltung „aussteigen". Wir müssen uns immer wieder bewusst machen, dass wir zuerst geliebt sind und dass unsere extreme Leistungsorientierung etwas falsches ist. Diese Haltung kann tief in uns verwurzelt sein und wir müssen eine positive Haltung solange und immer wieder entwickeln und proklamieren bis sich ein neues gesundes Bewusstsein entwickelt hat.

Deutsch sein

Die Tatsache, Deutsche zu sein, hat mich früher mit tiefer Scham erfüllt. Es war mir unendlich peinlich, zu dem Volk zu gehören, das den Holocaust weitgehend durchgeführt und geradezu in sadistischer Weise perfektioniert hat.

Ich versuchte, dieser Identität zu entfliehen, indem ich Deutschland verließ und meine deutsche Identität vergessen wollte. Letztendlich funktionierte das nicht.

Meiner Beobachtung nach gibt es zum „Deutsch-sein" folgende verschiedene Haltungen:

1. Man schämt sich und ist voller Schuldgefühle – dies ist auch häufig bei gläubigen Christen anzutreffen, die

Israel lieben. Sie fühlen sich in der deutschen Schuld „wie auf immer gefangen". Sie glauben, dass sie sehr viele Leistungen gegenüber Juden und Israel erbringen müssen, um sich „gut zu fühlen" und um dieses Gefühl der Scham und des deutschen Unrechts einigermaßen zu kompensieren, was jedoch letztlich nicht dauerhaft gelingt. Es müssen daher immer wieder „neue Wiedergutmachungsleistungen"
erbracht werden. Das bedeutet jetzt nicht, dass ich jeden Versuch der Wiedergutmachung „in diese Ecke" stelle, auch will ich Wiedergutmachung nicht absolut schlecht machen. Aber wie kann man den Tod von 6 Millionen kostbaren jüdischen Menschen und die Vernichtung ihrer Seelen durch Taten oder Geld „wiedergutmachen"? Dies scheint mir nicht vorstellbar zu sein.
Unrecht an Juden soll in möglichst weitgehender Form kompensiert werden. Dies kann mit viel Liebe, Sensibilität und der Bereitschaft geschehen, aufrichtige und ehrliche Opfer zu bringen, um Juden zu trösten und soweit wie möglich ihre Würde wiederherzustellen.

2. Das Unrecht der Nazi-Generation wird einfach verdrängt, frei nach dem Motto: „Das haben doch alle irgendwie gemacht". Auch bei Christen ist diese Haltung häufig zu beobachten, weil es in irgendeiner Form Nazi-Unrecht gab und sei es auch, dass für Hitler als „unseren Heiland" gebetet wurde. Auch Mitgliedschaft in der NSDAP und ihren Jugendorganisationen - Hitlerjugend und Bund deutscher Mädel (BDM) - sind schuldhafte Verstrickung.

Ich habe mich für folgenden Weg entschieden: Ich habe die Nazi-Schuld meiner Familie vor Gott gebracht, darüber gefastet und gebetet und die Vergebung für mich danach auch angenommen. Gott hat mir vergeben, unabhängig davon, ob Juden mir jetzt vergeben werden oder nicht. Falls ich jedoch sehe, dass jüdische Freunde, sei es in Berlin, irgendwo auf der Welt oder in Israel immer noch stark unter dem Holocaust leiden und in mir als Deutsche eine „schwere Anfechtung" sehen, bitte ich sie persönlich stellvertretend um Vergebung. Dadurch konnte immer wieder eine – wenngleich manchmal schwierige – Beziehung wiederherstellt werden.

3. Ich bin außerdem zu der Erkenntnis gelangt, dass wir unser Deutsch sein positiv annehmen müssen. Wenn Gott sagt: Liebe deinen Nächsten wie dich selbst, dann ist damit auch die deutsche Nationalität gemeint. Das bedeutet nicht, das wir die Schuld Deutschlands lieben sollen. Diese sollen wir hassen und bekämpfen, z.B.wenn Antisemitismus in unserem Volk auftritt. Aber wir sollten ein positives deutsches Nationalgefühl entwickeln bzw. bewahren.

4. Wenn ich immer in meinen Schuldgefühlen gefangen geblieben wäre, hätte ich niemals meinen schönen Dienst mit Star-Cross machen können, der mich immer wieder nach Israel geführt hat und dazu, einen Versöhnungsdienst in Form von jüdisch-christlichen Führungen, Festen, Vorträgen und Publikationen zur deutsch-jüdischen Versöhnung zu entwickeln.

Essen und Reden

Verschlingen Sie auch Ihr Essen möglichst schnell und denken dabei schon an Ihre Probleme, Ihre Arbeit und an all die Dinge, die Sie noch erledigen müssen?

So habe ich es jahrelang gemacht. Ich habe aber gemerkt, dass das meinen Lebensgenuss erheblich mindert und anstatt positive Energie von Gott für mein Leben zu bekommen erhöht sich mein Stress durch dieses Verhalten erheblich.

Zum genussvollen Essen gehört für mich zunächst der grundsätzliche Dank an Gott und der Bitte um Segen für jede Speise. So machen es auch gläubige jüdische Freunde: „Baruch ata Adonai Elohenu, Melech HaOlam, ha motzi lechem min ha aretz, be shem Jeshua HaMaschiach!" „Gelobt seist du Ewiger, König der Welt für das Brot, das du aus der Erde hervorgebracht hast, im Namen des Messias Jesus!"

Ich versuche dann, ganz langsam zu essen und danke Gott für jeden Bissen meines köstlichen Essens. Ich bin auch denjenigen dankbar, die das Essen hergestellt haben: Den Bauern, denjenigen, die die Teepflanzen oder Kaffeebohnen meines guten Fair-Trade-Tees oder -Kaffees gepflückt haben. Ich bin dankbar für den Transport, für meinen schönen Supermarkt und freien Markt, in dem ich viele Dinge kaufe.

Allerdings hatte ich viele Jahre das „schnelle, hastige und sorgenbeladene Schnellessen" praktiziert und bemerke, dass ich immer wieder in diese schlechte Angewohnheit zurückfallen will. Ich muss mich daher immer wieder neue konditionieren, d.h. mir bewusst machen, dass ich ein besseres Essverhalten praktizieren will.

Aus eigener Erfahrung weiß ich, dass das Essen sehr negativ durch schlecht redende Personen belastet sein kann: Büroklatsch jeder Art, gehässige Äußerungen über Chefs oder viele andere sonstige Nächste.

Die Bibel weist uns einen anderen Weg: Wenn jemand sündigt sollen wir zu ihm hingehen und ihn darauf hinweisen – und zwar in Liebe und nicht in Hass oder Bitterkeit. Dann hat der andere die Möglichkeit zur Korrektur und kann in seinem Verhalten wachsen und sich verbessern.

Das negative Reden, Klatschen und Lästern kann sich zur Sucht entwickeln. Viele Menschen sind süchtig danach, weil sie sich dann eine Zeitlang besser fühlen und glauben, sie seien besser als „der Andere".
Langfristig wirkt es sich zerstörend auf diejenigen aus, die sich so verhalten; es zerstört auch das Ehe-, Betriebs-, Gemeinde- und jedes andere zwischenmenschliche Klima.

Nun glauben Sie vielleicht, dass es Ihrer Karriere förderlich sein könnte, wenn Sie das schlechte Reden Ihrer Chefin oder Ihres Chefs oder sonstiger Kollegen oder „wichtiger Persönlichkeiten" eben hinnehmen. Glauben Sie mir: Es wird nicht gesegnet sein. Nur das Halten der Gebote Gottes kann uns im Leben voranbringen. Wir sollen nicht uns und unsere Karriere „anbeten", sondern Gott allein. Natürlich kann es sein, dass andere Sie für dieses Verhalten verachten und Sie tatsächlich Karriererückschläge oder –tiefs aushalten müssen – aber langfristig werden Sie auf jeden Fall gesegnet sein.

Sie können überall lesen, wie Sie schlanker und immer schlanker werden. Ich werde Ihnen hier vom Gegenteil berichten: Ich liebe es, frische Butter pur zu essen, kaltgepresstes Olivenöl über meine Speisen zu gießen und überhaupt bin ich – besonders am Schabbat und am Sonntag – ein Leckermäulchen: Feine Nougatschokolade und Kuchen – was für ein Genuss!

Trotzdem möchte ich mich jetzt korrigieren: Natürlich versuche ich auch, in meinem Alter schlank zu bleiben und nicht auseinanderzugehen wie ein Hefekloß. Aber gerade die beschriebenen Genussmomente am Wochenende helfen mir, in der Woche disziplinierter zu essen.

Olivenöl ist nicht nur mein, sondern auch Gottes Lieblingsöl: Die mandelförmigen Behälter der Menora wurden mit Olivenöl gefüllt und entzündet. Mit besonders kostbarem Olivenöl wurden die Könige Israels gesalbt, z.B. König David. Der Prophet Samuel (hebr. Schmuel) goß sein Füllhorn mit Öl über dem schönen jungen Mann aus. Kokosöl soll übrigens gegen Vergesslichkeit und Demenz helfen.

Machen Sie es wie König Salomo (hebr. Shlomo): Es gibt nichts besseres als sein Leben und Essen zu genießen und sich wohlfühlen in Gott.

Genießen

Eines der Dinge, die uns das Leben am meisten erleichtern – trotz aller Schwierigkeiten und Schmerzen - ist der Lebensgenuss.

Ich erinnere mich an einen wundervollen „Genießertag".

Ich beschloss, die Liebermann-Villa im Grunewald zu besuchen, einer meiner Lieblingsorte hier in Berlin. Der jüdische Maler Max Liebermann hatte am Wannsee eine wunderschöne Villa für sich und seine Familie errichten lassen – eben die Liebermann-Villa. Dies ist heute ein Ort der Kunst, der mit ebendieser Villa, einem herrlichen Garten und einem grandiosen Blick auf den Wannsee gesegnet ist.

Ich besuchte die Ausstellung Max Liebermanns und Paul Klees. Im hübschen Restaurant genieße ich eine kleine Zucchini-

Quiche und danach ein Cocos-Ananas-Cremetörtchen und trinke dazu eine Rhabarbarsaftschorle á la saison!

Ich sitze auf der Terrasse: Eine Dame mit starrem Gesichtsausdruck sitzt bei mir, mit unbeweglichem Gesicht, kontrollierend und unglücklich. Früher ging es mir ähnlich, ich wollte auch alles kontrollieren. Wenn mir das heute passiert bitte ich Gott um Vergebung und überlasse ihm die Kontrolle, was meine Lebensfreude deutlich erhöht.

Dann gibt es eine Führung mit vielen Herren im Anzug. Offenbar sind auch die besten steifen Anzüge keine Glücksbringer. Die Herren sehen nicht besonders amüsiert aus. Ich bete, dass alle „wichtigen und bedeutenden Anzugträger" Spaß an ihrer Arbeit und Verantwortung haben.

Ich gehe hinunter zum Wannsee und sehe dort ein „Schwanen-Liebespaar", sie segeln frohgemut vorüber wie auch die ebenfalls schwanengleichen Segelboote einer Segelschule. Die Seerosen schwimmen selig im See und sehen mich mit ihrem gelben Seerosen-Augen vergnügt an. Auch ich genieße diesen wunderschönen Ausblick.

In der Villa gibt es ein Gemälde von Liebermann, das eine Menge rosiger Ferkel im Schweinekoben darstellt. Es sind ordentliche Milchsäufer, ergötzen sich an einer Milchlache, die vom Bediensteten hingegossen wird, ein Bild, das mich immer wieder amüsiert.

Geometrische Farben und Formen von Paul Klee leuchten mir strahlend entgegen. Eine Dame meint, dass man Bilder von Klee und Liebermann doch eigentlich gar nicht zusammen ausstellen könne. Vielleicht ist sie ja eine besonders orthodoxe Kunstkennerin, mich stört diese künstlerische Kombination nicht.

Ein Genusstag getreu dem Motto: „Lasst uns freuen und fröhlich sein, dies ist der Tag, den der Herr gemacht"in Psalm 118, Vers 24.

Mein Trauma und seine Heilung

Ich wurde in eine christliche Familie hineingeboren. Meine Mutter war vom Pietismus geprägt. Ihre Frömmigkeit war von großer Strenge, bestimmt von Regeln und Vorschriften und religiöser Tradition; dennoch wurde auch Wert auf eine lebendige Beziehung zu Gott gelegt.

Als sie geboren wurde, war sie so schwach, dass man glaubte, sie würde nicht lange leben. Aber siehe da: Das Baby wuchs und wurde groß; sie heiratete später und gab drei Kindern das Leben. Sie wurde 92 Jahre. Wer hätte das gedacht?!

Sie wuchs in einer sehr schwierigen Zeit auf: Ihre Jugend verbrachte sie in der Zeit des Nationalsozialismus. Die Eltern waren als Christen sehr gegen die Nazis, keine ihrer Töchter war im Bund Deutscher Mädel (BDM), was damals in Deutschland meistens üblich war.

Den Nazis war es ein Dorn im Auge, dass weder meine Mutter noch meine beiden Tanten in dieser Organisation waren. Eines Tages kam eine Nazi-Frau zu meiner Großmutter und machte massiv Druck in dieser Richtung. Solange, bis meine Oma schließlich voller Nachdruck und Überzeugung sagte: „Wir sind Christen, wir sind nicht für Adolf Hitler und meine Töchter werden nicht in den BDM eintreten!" Darauf erwiderte diese Dame: „Gut, dann wissen wir Bescheid.

Wenn Hitler den Krieg gewonnen hat, dann werden solche Leute wie Sie erschossen."

Die Familie lebte unter großem Druck, denn wer konnte damals schon wissen, ob Hitler nicht tatsächlich den Krieg gewinnen würde?

In der Schulklasse meiner Mutter spielte sich Ähnliches ab: Sie war sehr gut in Deutsch, aber die Lehrerin war eine überzeugte Nazi-Frau und wusste, dass meine Mutter aus einer christlichen Familie kam, die den Nationalsozialismus ablehnte. Sie mochte meine Mutter deshalb nicht und zeigte ihr das auch und gab ihr für ihre guten Leistungen immer schlechte Noten.

Der Existenzkampf in der Familie war sehr hart. Alle, auch die Kinder, mussten harte Arbeit leisten. Mein Großvater war Inhaber einer Baumschule. Meine Mutter war in ihrer eigenen Familie Außenseiterin und wurde von allen Töchtern am schlechtesten behandelt. Sie pflegte zu sagen, dass sie einerseits so „liebe Eltern" hatte, andererseits wurde sie „sehr hart bestraft". Für mich war das ein Gegensatz, den ich nur schwer auflösen konnte, vor allem als Kind.

Sie hatte eine sehr schwache körperliche und auch seelische Konstitution und musste trotzdem schwere Belastungen ertragen. Schließlich heiratete sie meinen Vater, einen liebevollen Ehemann.

Auch die Familie meines Vaters war gegen die Nazis. Meine Großmutter väterlicherseits hatte keine Berufsausbildung, obwohl sie sehr begabt war, gemäß dem damals üblichen Motto „Mädchen heiraten ja sowieso!"

Mein Großvater verstarb sehr früh, mein Vater war erst 13 Jahre alt. Meine Oma musste vier kleine Kinder ernähren. Sie hatte einen kleinen Bauernhof und arbeitete Tag und Nacht, um sich und die Kinder zu ernähren. Ihr tiefer Glaube half ihr dabei. Mein Vater wurde als ältester Sohn zum Ersatzvater. Er war damit eigentlich überfordert.

Meine geliebte Oma Anna, die Mutter meines Vaters, hasste die Nazis und musste trotzdem miterleben, wie ihre Söhne in den Krieg zogen und der Älteste in Russland verhungerte. Sie hielt Kontakt zu Juden, obwohl das verboten war. Eine jüdische Freundin sagte dann mal, als die Repressalien immer schlimmer wurden: „Egal, was passiert, wir sind d o c h Gottes Volk!" Meine liebe Oma unterstützte und ermutigte sie darin.

Oma Anna hatte einen Nazi-Nachbarn. Trotz aller weltanschaulicher Unterschiede waren sie befreundet. Der Nachbar versuchte aber immer wieder Anna zu „bekehren". Eines Tages meinte er, das ultimative überzeugende Argument gefunden zu haben. Darüber ist folgender Dialog in unserer Familie überliefert:

Nachbar: „Anna, ich bin ewig!"
Anna: „Worin bist du denn ewig?"
Nachbar: „In meinen Kindern!!!!!!!!!!!!!!!!!"
Darauf Anna: „Jeder Hund und jede Katze auch!"

Soviel zu Anna.

Mein Vater erzählte immer wieder, wie empört er war, als er erleben musste, wie ein jüdisches Geschäft von den Nazis zerstört wurde; die Glasscherben lagen auf dem Boden. „Und die Polizei stand daneben und hat noch nicht einmal eingegriffen!" Es muss ein traumatisches Erlebnis für ihn gewesen sein, denn noch Jahrzehnte später berichtete er immer wieder in ähnlicher Diktion und mit dem gleichen Zorn von diesem Vorfall.

Um der Konfrontation mit den Nazis zu entgehen, ging er zu den Segelfliegern. Er sagte mir: „Dort hatte man am wenigsten mit der Nazi-Ideologie zu tun!"

Ich fand es später trotzdem problematisch, dass er überhaupt in einer Nazi-Organisation war und bat Gott später stellvertretend um Vergebung darum. Ich stelle mir vor, dass jeder, der überhaupt in so einer Organisation war auch einen Eid auf Hitler leisten musste.

Mein Vater war ein großer, schlanker und sehr sportlicher junger Mann, der blond und blauäugig war. Damit entsprach er den Nazi-Vorstellungen von einem „guten Deutschen". Sie wollten Papa zum Offizier machen, aber er hasste die Nazis genauso wie Oma. Darum ging er als einfacher Soldat in den Krieg.

Er musste als sehr junger Mann die schlimmsten Dinge mit ansehen. Er rettete betrunkene Kameraden aus dem Schnee – sie wären sonst erfroren. Er hörte Hitler-Schwärmereien und Hitler-Flüche. Er sah die bittere Verzweiflung beim endgültigen Untergang. Er sah grausam Verwundete,

Verzweifelte, Sterbende. Als es dem Ende zuging, war er im Ostpreußischen Haff. Der Nebel war so dicht, dass man kaum die Hand nicht vor den Augen sehen konnte. Im Hafen lag noch ein einziges Schiff. Es ging das Gerücht um, dass nur der noch lebend aus dem Inferno herauskam, der auf dieses Schiff kam. Die Sowjets bombardierten das Haff, wobei sie wegen dem dichtem Nebel geradezu „blind" waren. Die Menschen schossen – aus Verzweiflung um ihr eigenes Leben - andere von Flößen, um sich einen Weg zu diesem Schiff zu bahnen. Mein Vater hatte ein paar Kameraden, die entschlossen waren, durch dick und dünn zusammen zu bleiben. Sie fassten sich an den Händen – auf einmal entstand ein starker Sog, der sie alle gemeinsam auf dieses letzte Schiff zog! Dieses Schiff brachte auch alle sicher nach Deutschland und wurde nicht durch allgegenwärtige U-Boote torpediert wie z.B. die Gustloff. Mein Vater sagte, dass Gott ihn aus dem Inferno des Krieges heraus gerettet hatte, weil er sein Leben bewahren wollte. Er wurde ein gläubiger, Gott hingegebener Mann, der immer versuchte, ethisch zu handeln und versuchte, Menschen zu dienen. Gleichzeitig war er sehr bitter, aufgrund der Härte, die er in seinem Leben erfahren hatte und konnte andere sehr verletzen, ja manchmal geradezu vernichtend kritisieren.

ABER IRGENDWIE BIN ICH STOLZ AUF PAPA UND BIN FROH DASS ICH SO EINEN VATER HATTE !!!!!!!

Mein Vater liebte Israel und Juden. Meine beiden Elternteile sagten mir immer wieder, dass Israel und die Juden Gottes auserwähltes Volk waren und man sie lieben und respektieren sollte.

Ich wurde als erstes Kind meiner Eltern geboren. Die Beziehung zu meiner Mutter war von Anfang an schwierig. Ich aß nämlich fast nie und meine Mutter fühlte sich abgelehnt und hatte wohl Angst, dass ich irgendwie verhungern würde.

Trotzdem wurde ich ein lebendiges und vitales Kind, was meine Mutter sehr störte. Sie hatte gelernt, sich immer unterzuordnen und anzupassen, sei es dem harten Erziehungsstil ihrer Eltern oder ihrem sehr strengen Glauben – beides hing auch zusammen. Mein übersprudelndes Wesen empfand sie als ständige Störung. In harter Art und Weise rügte und bestrafte sie mich, was zur Folge hatte, dass ich immer mehr gegen sie rebellierte. Meine Mutter hätte das wohl nie getan und ich glaube, dass sie dadurch auch schwere innere Verletzungen erlitten hatte, die sie jetzt an mir abreagierte.

Obwohl sie eine sehr christliche Mutter sein wollte und ihren Glauben immer sehr stark betonte und von mir auch streng christliche Verhaltensweisen und eine strikte Unterordnung einforderte, konnte sie mir nicht die Liebe geben, die ich brauchte. Leider kam es sogar zu seelischen Grausamkeiten, unter denen ich sehr litt und die mir starke seelische Qualen und Verletzungen zufügten. Es war so schlimm, dass ich immer wieder den Gedanken hatte, von zu Hause fortzulaufen.

Als ich Anfang zwanzig war, äußerte sich dies in schweren Depressionen mit Selbstmordgedanken und offenen Zusammenbrüchen. Ich brach auch mit dem Glauben meiner Mutter und leider muss ich sagen, dass ich sie hasste.

Therapeuten und Seelsorger rieten mir schließlich, Abstand zu meiner Mutter zu halten. So kam es, dass ich mehrere Jahre keinen Kontakt zu ihr hatte. Ich hätte mir damals nicht vorstellen können, jemals wieder in Kontakt mit ihr zu sein.

Mein Vater war ein guter Mann mit hohen moralischen Wertmaßstäben, die er auch in seinem Leben umsetzte. Er war tief im Glauben verwurzelt und eigentlich darin ein Vorbild für mich. Dennoch bewahrte er mich nicht vor den Attacken meiner Mutter. Er glaubte wohl, dass meine aggressive Rebellion gegen die Angriffe meiner Mutter ein Zeichen für ein stabiles Nervenkostüm war. Später erzählte er mir bedauernd, dass er nie erkannt habe, wie sensibel ich war.

Ich machte eine lange und qualvolle Psychoanalyse, um innere Heilung zu empfangen. Ob ich es nochmal machen würde, weiß ich nicht. Ich glaube nicht, dass es der Königsweg zur Heilung ist. Aber immerhin schien mein „Haupthass" gegen meine Mutter geheilt zu sein. Das war in meinen Augen damals ein wesentlicher Fortschritt.

Nachdem ich mit meinem Kinderglauben gebrochen hatte, versuchte ich alles auszuprobieren, was mir zuvor verboten worden war. Dies führte jedoch keineswegs dazu, dass ich mich besser fühlte. Die tiefen

Verletzungen, die ich erlitten hatte, waren eine schlimme Wunde in meinem Leben, die dazu führte, dass ich weder mit mir selbst, noch mit meinen Beziehungen zu anderen, ja mit dem Leben allgemein zurechtkam.

Ich konnte nicht begreifen, dass eine christliche Mutter sich so verhalten konnte. Ich war auch von Selbsthass erfüllt. Wenn meine Mutter mich schon so ablehnte – hatte ich diesen Hass dann vielleicht verdient? War es Gott, der meine grausamen Verletzungen zugelassen hatte? Hasste er mich ebenfalls? Wie konnte er erwarten, dass ich an ihn glaubte und ihm gehorchte, wenn er sich so zu mir verhielt. Gab es ihn überhaupt? Zum damaligen Zeitpunkt lehnte ich ihn einfach ab. Er hatte mir – aus meiner Sicht – schon genug Ärger gemacht. Ich wollte nicht den Rest meines Lebens damit verbringen, mich über ihn zu ärgern, sondern endlich mein Leben leben.

Auch, wenn ich diese Fragen weitgehend zu verdrängen versuchte, brachen meine seelischen Qualen immer wieder durch und brachten mich in große Schwierigkeiten, vor allem bei Autoritäten, die mir übergeordnet waren. Häufig rebellierte ich gegen sie und weigerte mich, mich ihnen unterzuordnen.

Obwohl ich eine sehr hübsche Frau war, große Bildung und eine Karriere hatte, war ich nie zufrieden mit mir. Äußerlich gesehen sah alles perfekt aus, aber in mir tobte ein ständiger Kampf. Es gab keine Wurzeln mehr in meinem Leben: Ich hatte mich vom Glauben und meiner Familie abgeschnitten und glaubte, dass ich „siegen" würde, wenn ich meinen Kampf allein und unabhängig führen würde.

Damit war ich jedoch nicht erfolgreich. Unter einer schweren Depression brach ich schließlich wieder zusammen. Ich schien am Ende meines Lebens angekommen zu sein und konnte meinen eigenen Überzeugungen nicht mehr glauben. Selbstmord schien mir ein möglicher Ausweg zu sein. In dieser großen Verzweiflung schrie ich auf einmal auf zu Gott: „Was hat mein Leben für einen Sinn?"

In diesem Moment geschah etwas Wundervolles: Ich sah ein helles, strahlendes Licht auf mich zukommen und erkannte, dass Jesus Jude war und dass er mich als jüdischer Messias tief und innig liebte. Ich hatte nie zuvor soviel Liebe, Wärme und Heilung empfunden!

DAS WAR DIE ERLÖSUNG MEINES LEBENS!

Ich nahm dann auch wieder Kontakt mit meiner Mutter auf. Aber wir hatten es schwer miteinander - es kam häufig zu Zank und Streitereien. Das ging lange so. Betrübt klagte ich Gott unser Leid. „Herr, wie kann es sein, dass so ein Unfriede zwischen uns ist, obwohl wir doch beide gläubig sind und an Jesus glauben?"

Mir wurde auf einmal bewusst, dass ich auch gegen meine Mutter gesündigt hatte. Meine ständige Rebellion hatte eine Menge zu den Schwierigkeiten und der Verschlechterung unserer Beziehung beigetragen. Ich sah viele Jahre meines Lebens die Schuld ausschließlich bei meiner Mutter und erkannte nicht meine eigene Sünde. Ich bat Jesus um Vergebung. Viele Jahre ging ich zum Kreuz und bat Jesus um Heilung und

Vergebung für uns. Dies trug schließlich reiche Früchte. Die Beziehung wurde nach und nach besser.

Auf einmal konnte ich auch erkennen, wie viel Gutes meine Mutter mir gegeben hatte: Eine gute Erziehung und moralische Werte wie Anstand, Ehrlichkeit und Erbarmen mit den Armen. Wir musizierten häufig zusammen, sie hat meine musikalische Ausbildung immer unterstützt. Wir spielten Klavier und Fidel zusammen, sie Klavier, ich Fidel. Wobei ich abwechselnd Sopran- und Tenorfidel spielte. Bis heute spiele ich alle Instrumente mit Begeisterung.

Ich dachte daran, dass sie jeden Tag liebevoll eine Mahlzeit für die ganze Familie auf den Tisch brachte. Von ihr erlernte ich die gute deutsche Küche, ihre Begeisterung fürs Kochen übertrug sich auf mich und auch ihre große Gastfreundschaft. Mittlerweile koche ich leidenschaftlich gern. Aus Liebe zu mir für mich selbst, aber noch lieber für meine Freunde und zwar in der bewährten Mischung: deutsch, jiddisch,mediteran und spanisch. Meine jüdische Freundin Gertraud meinte, ich könnte ein 4-Sterne-Restaurant eröffnen. Vielleicht sollte ich das wirklich machen.

Ich weiß, dass meine Mutter immer für mich betete – auch als ich mit dem Glauben gebrochen und von ihr weggegangen war. Vielleicht haben ihre Gebete mich zu Gott zurückgebracht.

Meine Schwester erzählte mir später, dass unsere Mutter sich lange mit ihrem Fehlverhalten mir gegenüber beschäftigt hatte und sich qualvolle Vorwürfe machte.

Ich bat schließlich auch meine Mutter um Vergebung. Dies bewirkte eine große Veränderung zwischen uns. Sie war inzwischen über neunzig und in einem guten christlichen Pflegeheim untergebracht, wo sie liebevoll gepflegt wurde. Ich besuchte sie ca. einmal im Monat. Sie sprach nur noch sehr wenig und dann auch manchmal nicht verständlich. Meine große Bitterkeit hatte sich in zärtliche Liebe verwandelt und ich streichelte ihren Kopf und ihre Hände. Auf einmal sagte sie: „Ich hab dich ganz lieb!"

Diesen Satz hatte ich in meinem ganzen Leben noch nie von ihr gehört und er bewirkte eine große innere Heilung bei mir. Bis heute fühle ich mich wie befreit und wir hatten weitere schöne Begegnungen, bei denen ich liebevoll mit ihr sprach und sie mich mit ihren schönen blauen und strahlenden Augen und einem seligen Lächeln ansah. Tiefer Friede war zwischen uns.

Eine ungewöhnliche Heilungsgeschichte!
Dies bedeutet allerdings nicht, dass mein Schmerz vollkommen geheilt ist. Bis heute können mich starke seelische Schmerzen quälen. Aber ich will mich dafür nicht bemitleiden, und auch nicht bemitleidet werden, sondern mein Leben so gut genießen wie ich kann. Dazu gehört auch, dass ich mich für meine Lebensberufung – die Versöhnung zwischen Juden und Christen in Deutschland und Israel immer wieder einsetze. Wer weiß, vielleicht soll mich dieser Schmerz auch an meine jüdischen Freunde erinnern, die immer noch – manchmal qualvoll – mit dem Schmerz des Holocausts kämpfen (und die viel mehr als ich erlitten haben).

Ich glaube jedoch, dass Gott mir vollkommene Heilung schenken kann und dass auch tief verwundete Holocaust-Herzen das erleben können.

Als ich meine Mutter wieder einmal besuchte, lag sie wie erstarrt da: Das Gesicht war eingefallen, wirkte wie eine starre Maske. Ich wusste nicht, ob sie mich überhaupt wahrnahm. Ich streichelte ihr Gesicht und sagte ihr, dass ich sie liebte, aber sie blieb weiter unbeweglich. Ihre Augen öffneten sich nur sehr gelegentlich zu kleinen Schlitzen, die sich dann sofort wieder schlossen. Ich erschrak und dachte, dass es vielleicht besser wäre, wenn sie bei Gott in der ewigen Herrlichkeit wäre. Doch Gott ermahnte mich, diesen Gedanken nicht zuzulassen. Ich sollte an ihrem Schmerz teilnehmen und ihr Gutes tun bis zu ihrem Lebensende. Ich hatte einen Weihnachtsstern mitgebracht, weil sie Blumen so liebte. „Liebe Mama, ich habe dir Blumen mitgebracht – gefällt dir das?" Dass sie das wahrnahm, erkannte ich daran, dass sich ihre – von roten Altersflecken bedeckten - Hände an den Rand des Blumentopf klammerten, den sie dann wieder kraftlos losließ.

Ich glaube, dass wir auch am Leiden und Sterben jüdischer Freunde im Holocaust Anteil nehmen sollen, mit Liebe und Barmherzigkeit. Bis heute haben Familien und Angehörige manchmal nicht verstanden, warum dies alles geschehen ist. Es ist eine innere Erstarrung, die mit Hilflosigkeit, Wut und starker Bitterkeit einhergehen kann. Wir sollen als Christen diese Wunden mit Gottes

Hilfe heilen so gut es geht. Dazu gehört jedoch auch, dass wir die Wahrheit sagen, wenngleich das zunächst auch erst mal als verletzend empfunden wird. Dazu im nächsten Abschnitt mehr.

Holocaust

Der Holocaust ist die tiefste traumatische Wunde im jüdischen Herzen. Die Gräueltaten waren unvorstellbar grausam, die Erinnerung daran quält bis heute. Eine hohe Sensibilität und große Barmherzigkeit und Mitgefühl sind auf deutscher Seite erforderlich. Andererseits ist es ein Gebot der Wahrheit, auch ehrlich auf die Ursachen des Holocaust hinzuweisen. Die deutsche Schuld ist in diesem Zusammenhang immer offensichtlich gewesen. Solange es Deutschland gibt, gibt es auch eine große Verantwortung für Juden und Israel. Für mich ist es nicht nur Verantwortung sondern Liebe zu meinen jüdischen Freunden.

Mir persönlich fällt es nicht leicht, darüber zu schreiben. Ich habe mich als Deutsche jahrelang für den Holocaust geschämt und fast persönlich dafür verantwortlich gefühlt – so sehr, dass ich mein Land verlassen habe und nach Spanien ging. Ich verließ Deutschland, um diesem quälenden Gefühl und der Scham zu entfliehen.

Auch dies war der Grund dafür, dass ich bereits als junge Frau in Israel im Kibbuz Shaar HaGolan volontiert habe. Zuerst pflückte ich Oliven, dann bereitete ich in der Küche Kartoffeln und Zwiebeln zu. Der Zwiebelgeruch an meinen Händen blieb mir lange Zeit unvergesslich. Es war mein erster Aufenthalt außerhalb Europas und ich war fasziniert von Israel.

Die Shoa war der Höhepunkt einer langen und traurigen Geschichte, die sich zwar christlich gab, aber nicht nach christlichen Grundsätzen handelte. Wer den Gott Israels wirklich geliebt hätte, der hätte seine jüdischen Söhne und Töchter nicht umgebracht.

Über die deutsche Schuld ist sehr viel gesagt worden, es wurde bislang – gerade auch von Christen – immer wieder, ja, geradezu unzählige Male um Vergebung gebeten.

Die Frage ist, ob das jüdischen Herzen wirklich Heilung gebracht hat.

Vollständige Heilung kann nur durch den jüdischen Messias Jeschua erfolgen.

Es gibt zahlreiche prophetische Verheißungen über ihn in der jüdischen Bibel , genannt Tanach, der in etwa dem christlichen Alten Testament entspricht. Sehr viele haben sich ausnahmslos und einzig und allein in der Person Jeschuas erfüllt, und die anderen werden sich noch erfüllen, z.B. dass er in einem Friedensreich herrschen wird. Es ist an dieser Stelle nicht möglich, alle aufzuzählen, aber einige sehr wichtige seien hier erwähnt:

Erfüllte Prophezeiungen

Der Messias muss

ein Nachkomme Avrahams (Abrahams),
(s. hierzu Genesis 12,3; Erfüllung im Neuen Testament Matthäus 1,1)

Jizchaks (Isaaks)
(s. hierzu Genesis 17,19; 21,12; Erfüllung in Matthäus 1,2)

und Jakovs sein.
(s. hierzu Genesis 28,14; Erfüllung in Matthäus 1,2 und Lukas 3,34)

aus dem Geschlecht Davids stammen und ein Erbe des Thrones Davids sein,
(s. 2. Samuel 7,12-13; Jesaja/Jeshajahu 9,6; 11,1-5; Erfüllung in Matthäus 1,1.6; Apostelgeschichte 13,25 und Römer 1,4)

von „Ewigkeit zu Ewigkeit" existieren,
(s. Micha 5,1; neutestamentliche Erfüllung in Johannes 11,14; 8,58; Epheser 1,3-14; Offenbarung 1,18)
der Sohn Gottes sein,
(s. Psalm 2,7; Sprüche [hebr. Mischle] 30,4; erfüllt in Matthäus 3,17; Lukas 1,32)

den Namen Gottes selbst tragen, J-H-W-H (Adonai),
(s. Jesaja 9,5-6; Jeremia 25,5-6; erfüllt in Römer 10,9; Philipper 2,9-11)

geboren sein in Beth-Lechem (Bethlehem) in Jehuda (Juda),
(s. Micha 5,1; erfüllt in Matthäus 2,1 und Lukas 2,4-7)

von einer Jungfrau geboren werden,

(s. Jesaja 7,14; erfüllt in Matthäus 1,18-2,1 und Lukas 1,26-35)

mit dem Geist Gottes gesalbt werden,
(s. Jesaja 11,2; 61,1; Psalm 45,8; erfüllt in Matthäus 3,16; Johannes 3,34; Apostelgeschichte 10,38)

die Aufgabe haben, die, deren Herz gebrochen ist, wieder aufzurichten, den Gefangenen die Freiheit zu verkünden und ein angenehmes Jahr des Herrn auszurufen,
(s. Jesaja 61,1-2; erfüllt im Neuen Testament in Lukas 4,18-19)

sanftmütig sein und darf nicht prahlen,
(s. Jesaja 42,2; erfüllt Matthäus 12,15.16.19)

unerwünscht sein und von seinem eigenen Volk verworfen werden,
(s. in Jesaja 53,2; 63,3; Psalm 69,9; erfüllt in Markus 6,3; Lukas 9,58 und Johannes 1,11)

für 30 Silberstücke verkauft werden,
(s. Sacharja 11,12; erfüllt in Matthäus 26,15)

durch Kreuzigung hingerichtet werden, dabei müssen seine Hände und Füße durchbohrt werden,

(s. Psalm 22,17; Sacharja 12,10; erfüllt in Matthäus 27,35; Lukas 24,39; Johannes 19,18; 34-37; Offenbarung 1,7)

für einen Missetäter gehalten werden,
(s. Jesaja 53,12; erfüllt in Matthäus 27,38)

nach den Tod unter den Reichen begraben werden,
(s. Jesaja 53,9; erfüllt in Matthäus 27, 57-60)

von den Toten auferweckt werden,
(s. Jesaja 53,9-10; Psalm 2,7; 16,10; erfüllt in Matthäus 28,1-20; Apostelgeschichte 2,23-36; 13,33-37; 1. Korinther 11,4-6)

aufsteigen zur rechten Hand Gottes,
(s. Psalm 16,11; 68,19; 110,1; erfüllt in Lukas 24,51; Apostelgeschichte 1,9-11; 7,55; Messianische Juden [Hebräer] 1,3)

sein Priesteramt im Himmel ausüben,
(s. Sacharja 6,13; erfüllt in Römer 8,34; Messianische Juden 7,25-8,2)

der Eckstein der messianischen Gemeinschaft Gottes sein,

(s. Jesaja 28,16; Psalm 118,22-23; erfüllt in Matthäus 21,42; Epheser 2,20; 1. Petrus [Kefa] 2,5-7)

von Juden und Heiden gesucht werden,
(s. Jesaja 11,10; 42,1; erfüllt in Apostelgeschichte 10,45)

von den Heiden angenommen werden,
(s. Jesaja 11,10; 42,1-4; 49,1-12; erfüllt in Matthäus 12,23; Römer 15,10)

Diese Aufzählung orientiert sich an der im Jüdischen Neuen Testament in der Übersetzung von David Stern gemachten Übersicht. (Das jüdische Neue Testament. David Stern, Stuttgart 1994, S. XXIX f.)

Der Messias Jeschua wurde jedoch trotz zahlreicher Propheten, die auf ihn hinwiesen, von Israel abgelehnt. Das jüdische Establishment überlieferte Jesus an den Römer Pilatus. Dieser wollte ihn eigentlich freigeben, weil er merkte, dass er völlig schuldlos war. Als Ersatz für Jesus stellte er ihnen den Verbrecher Barabbas vor. Das Volk schrie jedoch: „Richte ihn (Jesus) hin. Sein Blut komme über uns und unsere Kinder!"

Es bricht mir das Herz, dass Israel als ganzes Volk noch niemals Jesus als Messias anerkannt hat, da der Messias Frieden und Befreiung von vielen Problemen bringen könnte.

Der ganze Vorgang ist für Juden sehr traumatisch, weil mit dem Ausruf „Christusmörder" viele Juden ermordet oder sehr stark diskriminiert oder verletzt wurden. Juden haben Jesus aber gar nicht ermordet, dies haben die Römer getan. Deshalb hat man heute von der christlichen Seite her ein sehr starkes Schuldgefühl und vermeidet es weitgehend, Juden gegenüber überhaupt von Jesus zu sprechen, geschweige denn zu erwähnen, dass er der jüdische Messias ist. Damit schüttet man jedoch das Kind mit dem Bade aus. Der Einzige, der Juden Leben bringen, ihre und deutsche Sünden heilen kann ist der Messias Jesus, auf hebräisch JeschuaHaMaschiach.

Aufgrund der tragischen jüdisch-christlichen Geschichte, in der Juden immer wieder mit extremer Ablehnung und sogar mit dem Tod bestraft wurden, ist es mir jedoch wichtig, zu sagen, dass ich einen Juden niemals ablehnen würde, wenn er sich entscheidet, JESCHUA ABZULEHNEN.

Ich wäre allerdings sehr betrübt, weil ich weiß, dass Juden dann verloren gehen. Jeder Jude ist auch ein Sünder, so wie alle Menschen Sünder sind Für jede Sünde musste im alten Israel vor Gott ein Opfer dargebracht werden. Dies war ein Tier, das geschlachtet wurde. Millionen von Tieropfern wurden gebracht, um die Schuld Israels zu sühnen. Dennoch ist die Sünde dadurch niemals vollkommen gesühnt wurden. Allein Jeschua, der als schuldloses Lamm (Sse Elohim) von Anbeginn der Welt erwählt wurde, die Sünde der Welt zu sühnen, konnte durch seinen Opfertod die Schuld der Welt wegnehmen. Dies ist jedoch kein Vorgang, durch den ein Mensch automatisch von seiner Sünde erlöst wird, sondern jeder Mensch – auch jeder Jude – muss sich entscheiden, das Blut des Messias Jeschua für sich persönlich in Anspruch zu nehmen. Erst dann ist er von Sünde befreit.

In 5. Mose 28 legte Gott Israel Segen und Fluch vor und warnte es, alle seine Gebote zu halten und seinen Willen zu tun.

Der verheißene Segen:

„Gesegnet wirst du sein in der Stadt, gesegnet auf dem Acker. (Vers 3)

„Gesegnet wird sein die Frucht deines Leibes, die Frucht deines Landes und die Frucht deines Viehs. (V 4)

„Gesegnet wirst du sein, wenn du eingehst, gesegnet, wenn du ausgehst. (V 6)

„Und der Herr wird deine Feinde, die sich wider dich auflehnen vor dir schlagen; durch e i n e n Weg sollen sie ausziehen wider dich, und durch sieben Wege vor dir fliehen." (V 7)

„Der Herr wird gebieten dem Segen, dass er mit dir sei in deinem Keller und in allem, was du vornimmst, und wird dich segnen in dem Lande, das dir der Herr, dein Gott gegeben hat." (V 8)

„Der Herr wird dich ihm zum heiligen Volk aufrichten, wie er dir geschworen hat, darum, dass du die Gebote des Herrn, deines Gottes hältst, und wandelst in seinen Wegen; dass alle Völker auf Erden werden sehen, dass du nach dem Namen des Herrn genannt bist, und werden sich vor dir fürchten." (V 9.10)

„Und der Herr wird machen, dass du Überfluss an Gütern haben wirst, an der Frucht deines Leibes, an der Frucht deines Viehs, an der Frucht deines Ackers, in dem Lande, das der Herr deinen Vätern geschworen hat, dir zu geben." (V 11)

Wenn allerdings Israel der Stimme seines Herrn nicht gehorcht, d.h. seinen Geboten, werden nach 5. Mose 28,15ff viele schreckliche Flüche über sie kommen:

„Verflucht wirst du sein in der Stadt, verflucht auf dem Acker." (V 16)

„Verflucht wird sein die Frucht deines Leibes, die Frucht deines Landes. (V 17)

„Verflucht wirst du sein, wenn du eingehst, verflucht, wenn du ausgehst." (V 19)

„Der Herr wird unter dich senden Unfall, Unruhe und Unglück in allem, was du vor die Hand nimmst, was du tust, bis du vertilgt werdest, und bald untergehst um deines bösen Wesens willen, darum, dass du mich verlassen hast." (V 20)

„Der Herr wird dir die Pestilenz anhängen, bis dass er dich vertilge in dem Land, dahin du kommst, es einzunehmen." (V 21)

Der Herr wird dich schlagen mit Darre, Fieber, Hitze, Brand, Dürre, giftiger Luft und Gelbsucht und wird dich verfolgen bis er dich umbringe. (V 22)

„Der Himmel, der über deinem Haupt ist, wird ehern sein, und die Erde unter dir eisern." (V 23)

„Der Herr wird deinem Lande Staub und Asche für Regen geben vom Himmel auf dich, bis du vertilgt werdest." (V 24)

„Der Herr wird dich vor deinen Feinden schlagen; durch e i n e n Weg wirst du vor ihnen ausziehen und durch sieben Wege wirst du vor ihnen fliehen; und wirst zerstreut werden unter alle Reiche auf Erden." (V 25)

„Dein Leichnam wird eine Speise sein allen Vögeln des Himmels und allen Tieren auf Erden, und niemand wird sein, der sie scheucht." (V 26)
(Die Verse aus 5. Mose 28 werden zitiert aus der Lutherbibel von 1912)

Es gibt noch eine ganze Reihe weiterer warnender Prophezeiungen. Sie brechen mir das Herz.
Die Lektüre dieser Bibelverse scheint den Holocaust in geradezu erschreckender Weise vorwegzunehmen.

Ich muss öfter umkehren und um Vergebung bitten, denn ich schaffe es noch nicht mal, die 10 Gebote zu halten, geschweige denn die 613 Gebote, die es im Judentum gibt. Und ich weiß, dass ich als Deutsche auch für meine Nation konkret um Vergebung bitten muss. Ich machte einmal ein Seminar im Rahmen einer jüdisch-christlichen Sommeruniversität über die jüdischen Gebote. Es wurde von einem sympathischen älteren orthodox-jüdischen Herrn gehalten, der ganz offen und ehrlich erklärte: Kein Jude, auch nicht der allerfrömmste Jude, kann alle Gebote halten – wir können uns immer nur bemühen.
Das heißt, wir brauchen Vergebung; auf persönlicher Ebene, aber auch auf nationaler Ebene.

Gott möchte einfach, dass sein Volk ihm von ganzem Herzen nachfolgt, sonst wird er wie ein eifersüchtiger, leidenschaftlicher und enttäuschter Liebhaber.

Sein Volk erlebte genau den Fluch, der in 5. Mose 28 beschrieben ist und dadurch wurde es dem Bösen, nämlich satanischen und dämonischen Mächten preisgegeben.

Deutsche haben Juden häufig um Vergebung gebeten (leider noch längst nicht alle!). Manche jüdischen Freunde haben daher den Eindruck, sie seien sozusagen durch die Shoa gerechtfertigt. Manchmal meinen sie auch, dass sie aufgrund ihrer jüdischen Identität sozusagen „automatisch" geheiligt sind. Das ist jedoch nicht so. Gott wird in der Ewigkeit über jede jüdische Sünde richten und Juden, die nicht im Buch des Lebens eingeschrieben sind, können nicht in der Ewigkeit mit Gott sein. Deshalb sollte über diese Schuld nicht geschwiegen werden.

Gott hat durch seine Tora und die Propheten unzählige Male auf den Messias hingewiesen, es gibt mindestens 100 Prophezeiungen, die sich nur und ausschließlich in Jeschua (Jesus) erfüllt haben. Juden haben durch alle Zeiten Tag und Nacht die Schriften studiert und hätten erkennen können, dass Jesus der Messias ist. Aber sie haben ihn abgelehnt. Das jüdische Establishment seiner Zeit hat ihn den Römern zur Ermordung und Kreuzigung ausgeliefert und das Volk schrie „Kreuzige ihn!" Genauso wie deutsche Nazi-Schuld von Gott niemals vergessen wird, wird diese Tatsache von Gott nicht „vergessen". **Jeder Jude sollte Jeschua als Messias Israels annehmen, um nicht dem Gericht Gottes zu verfallen und um die Ewigkeit mit ihm verbringen zu können.**

Auch die Völker haben sich am Tod des Messias schuldig gemacht: Die Römer, die ihn gekreuzigt haben, stehen stellvertretend für die Nationen. Ein messianischer Jude sagte dazu einmal: Wir alle haben den Messias umgebracht. Auch der Apostel Schaul schrieb: „Da ist keiner, der gerecht ist, auch nicht einer!" (Römer 3,10)

Der Holocaust hat dem jüdischen Volk und Israel eine schwere Wunde zugefügt, die bis heute nicht geheilt ist.

So hat es einen Holocaustüberlebenden gegeben, der gesagt hat: „Mein Gott ist in Auschwitz gestorben!" Er fühlte sich zutiefst verletzt von der Tatsache, dass Gott sein auserwähltes Volk– seiner Meinung nach – verlassen und der Vernichtung preisgegeben hatte. Jedem, der mit Gott in so einem oder einem ähnlichen Konflikt ist, empfehle ich Gott zu „vergeben".

Der grausame Schmerz des Holocausts hat übrigens eine besondere Frucht hervorgebracht, die wir bis heute genießen können: Nämlich der moderne Staat Israel ist aus diesem Schmerz geboren worden. Das schlechte Gewissen der Welt hat zur Entstehung Israels beigetragen.

Eine Jüdin hat mich einmal verzweifelt gefragt: „Warum hat Gott den Holocaust zugelassen?" Damals wusste ich nicht, was ich ihr antworten sollte. Heute würde ich antworten: Er war dort, wo Gott auch war, als sein eigener Sohn Jeschua einen grausamen und bitteren Tod starb: Nämlich am Hinrichtungspfahl, am Kreuz. Jeschua hat sich ganz stark mit Israel identifiziert. Die Ähnlichkeit zwischen beiden ist sehr groß. Das kommt in Jesaja 53 zum Ausdruck, dem Kapitel über den leidenden Gottesknecht.

Als seine jüdischen Kinder ermordet wurden, war Gott selbst dort und litt mit seinem Volk.

Aber ich bin zutiefst davon überzeugt, dass es dem Gott Israels grausamen Schmerzen zugefügt hat, als er seinen Sohn Israel in den Gasöfen der KZs sterben sah. Sein Mitgefühl war so groß und sein eigener Schmerz unfassbar und unerträglich. Er liebte sein Volk, aber er hasste seine Sünde.

Mein Traum

Mein Traum ist, dass es immer mehr Orte gibt, in denen Liebe und Barmherzigkeit gegenüber Israel und Juden wachsen, aber auch Wahrhaftigkeit vorhanden ist. Um in aufrichtige und heilende Beziehungen zu kommen, sollte offen über Sünden gesprochen werden – erst über deutsche, dann aber auch über jüdische.

Deutsche Seite:

Vor Gott sollte geprüft werden, ob es in der Familie Nazi-Belastungen gegeben hat; hierfür sollte man dann Gott ggf. um

Vergebung bitten. Nazi-Schuld liegt schon dann vor, wenn es auch – ohne aktives Unrecht – eine Mitgliedschaft in einer nationalsozialistischen Organisation gegeben hat, sei es in der Partei oder auch zum Beispiel im BDM, der Organisation für Mädchen seinerzeit.

Aber auch die Gegenwart sollte betrachtet werden: Gab und gibt es antisemitische Haltungen, Ablehnung von Juden oder Israel? Dafür reicht auch Gleichgültigkeit. Diese ist keine segnende Haltung, die Gott aber in 1. Mose 12,3 von uns fordert. Ein Rabbi hat sogar mal gesagt, Gleichgültigkeit ist schlimmer als Hass. Es war diese Haltung, die Millionen von Juden den Tod gekostet hat und wir sollten es auf keinen Fall zulassen, dass sich dies wiederholt.

Jüdische Seite:

Auch, wenn das für jüdische Freunde wahrscheinlich zunächst schwer zu akzeptieren ist, gehört dazu auch der Hass oder die bewusste oder unbewusste Ablehnung von Deutschen oder Deutschland. Auch Juden sollten das Gericht hierüber Gott überlassen. Gott sagt klar: „Mein ist die

Rache". Andernfalls könnten – manchmal lebenslange – Bitterkeit und Depressionen die Folge sein, die die Heilung des Holocaust-Traumas verhindern. Das Trauma wird dadurch sozusagen konserviert.

Für Juden ist wichtig ist, das Opfer des jüdischen Messias Jeschua zu erkennen und für ihr Leben persönlich anzunehmen.Danach sollten Juden und Deutsche sich gegenseitig Vergebung zusprechen und in neue, unbelastete Beziehungen eintreten. Es ist wahrscheinlich, dass Erinnerungen an Traumata immer noch hochkommen, aber sie könnten viel besser als bisher bewältigt werden.

Dazu ist natürlich eine Offenheit auf jüdischer Seite und eine Bereitschaft auf deutscher Seite notwendig.

Israel

Ich liebe Israel und Israels Kinder. Unendlich dankbar bin ich für die Gaben, die ich durch diese Nation empfangen habe: Zuerst den Messias Jesus – Jeschua, dann die Bibel, die

Gebote, den Heiligen Geist (hebr.: Ruach Ha Kodesch)

Israel ist ein Wunder der Weltgeschichte. Während ich diese Zeilen schreibe wird mir dies besonders bewusst, denn Israel feiert seinen 70. Geburtstag. Er wurde neu aus dem Schmerz des Holocausts geboren.

Israel zu lieben und zu ehren ist ein großer Faktor für „Schönheit mit Schalom"! Antisemitismus macht hässlich, aber diese Liebe zu und für Israel macht schön! Ich bin dankbar für die guten Gaben, die ich von dieser Nation bekommen habe: Den Messias Jesus und die Bibel. Die Bibel besteht für mich nicht nur aus dem Alten Testament, sondern auch aus dem Neuen Testament, beides gehört zusammen. Mein Rabbi hat einmal gesagt: Es gibt nur ein Blatt in der Bibel, das nicht von Gott kommt: Das ist das Trennblatt zwischen dem Alten und Neuen Testament.

Israels Entstehung war ein Wunder der Neuzeit, geboren aus jahrtausendealten Verheißungen. Der Prophet Jesaja sagt: Welches Land wurde schon an einem einzigen Tag zur Welt gebracht?

ISRAEL ERHOB sich nach dem Holocaust wie ein Phoenix aus der Asche.

Tatsächlich: Israel war das einzige Land, das auf diese Weise geboren wurde – nämlich durch einen Beschluss der Vereinten Nationen. Das schlechte Gewissen der Völker, die fast alle irgendwie am Holocaust beteiligt waren hatte hierbei eine große Rolle gespielt.

Die Vision der auferstehenden Totengebeine, die der Prophet Hesekiel im 37. Kapitel schildert ist auf eine übernatürliche Weise wahr geworden. Es schien, als würden alle Juden durch den Holocaust ausgelöscht. Aber dies war nur der Geburtsschmerz für die Entstehung von Israel.

Die ersten Einwanderer aus dieser Generation kamen entkräftet und ausgemergelt in Israel an und zeugten wunderschöne, starke und kräftige Kinder, die sog. Sabres.
Unmittelbar nach der Proklamation des Staates begannen die arabischen Völker sofort einen Krieg. In diesem Krieg geschahen weitere Wunder: Wie kann so ein entkräftetes Volk mit so einer lächerlich geringen Waffenausrüstung einen solchen Krieg gewinnen? Es ist nur durch das übernatürliche Eingreifen Gottes erklärbar.

Im September 2000 war ich mit einer Gruppe christlicher Freunde und israelischen Leitern im Sinai in Ägypten, um die jüdischen Wurzeln meines Glaubens kennenzulernen. Wir studierten den Tanach, die jüdischen Feste und die Zusammenhänge zwischen Judentum und Christentum. Ich lernte, dass der Tanach, von Christen „Altes Testament" genannt, die Grundlage des Neuen Testaments ist. Viele prophetische Voraussagen des Tanach erfüllen sich im Neuen Testament (hebr. Brit Chadascha) und ist ohne diese kaum verständlich.

Unser Leiter David, der selbst sephardischer (orientalischer) Jude aus dem Irak war, liebte die Ägypter und sie ihn. Mich erstaunte das. Aus den deutschen Presseberichten hatte ich den Eindruck gewonnen, dass zwischen Juden und Arabern immer ein unerschütterlicher Hass bestand. Dass Ägypter und Juden sich küssten und liebten, so wie es hier geschah überstieg meine Vorstellungskraft. Ich glaube, dass dies Ausdruck seines Glaubens an den jüdischen Messias Jesus war, der jeden Menschen – und natürlich auch die Ägypter – liebt.

Wir genossen die Wüste, den warmen Sand und das Meer, in dem wir immer wieder badeten. Ich lief fast immer barfuß. Wir liebten das Lächeln und die Freundlichkeit unserer ägyptischen Freunde. Nachts konnte man die arabische Musik aus Discos hören und ich tanzte gern mal auf dem warmen Sand dazu.

Ich genoss die Gastfreundschaft der jungen Ägypter, die uns immer wieder mal zum Tee einluden.

Eines Tages jedoch war jede Musik erloschen. Es lag eine seltsame, gefährliche Spannung in der Luft und es war alles sehr still, irgendwie wie eine Totenstille.

Was war geschehen?

Auf dem Tempelberg in Jerusalem waren in einer Auseinandersetzung zwischen Israelis und Palästinensern Araber getötet worden. Dies ließ die ganze Welt erstarren. Die Ägypter identifizierten sich mit dem Leid und dem Tod ihrer arabischen Brüder.

Es war der Beginn der 2. Intifada.
David sagte uns beim Abendessen: Wir können für eure Sicherheit nicht mehr garantieren – geht sofort aus Ägypten raus, wenn ihr nicht sterben wollt!

STERBEN?!!!!!! Das war in meinem Reiseplan nicht „enthalten". Ich war jung und ich wollte LEBEN!!!!!

Ich spürte den Hass der Ägypter, die bislang so freundlich zu uns waren. Sie waren voller Wut und Ablehnung gegen uns. Ich spürte Todesangst.

David fragte: SEID IHR BEREIT FÜR ISRAEL ZU STERBEN????

Diese Frage schockierte mich. Ja, ich war schon bereit, dieses und jenes Gute für Juden und Israel zu tun – aber gleich sterben?

Nachts lag ich stundenlang wach. Wir waren in einfachen Strohhütten untergebracht, die Toiletten waren separat. Da mich extreme Angst quälte, spielte meine Blase verrückt und ich musste noch viel öfter als sonst auf Toilette. Dabei musste ich allein durch die Dunkelheit gehen, was ich in meiner extremen Angst geradezu verfluchte. In meiner Vorstellung glaubte ich, dass jeden Moment ein hasserfüllter Ägypter mich überfallen würde.
Nein, nicht sterben! ICH WILL LEBEN!!!

Schließlich fasste ich einen Entschluss, der mir großen Frieden brachte. Ich sagte zu Gott: Wenn es dein Wille ist, dass ich hier für dein Volk Israel sterbe, dann bin ich bereit, zu sterben. Wenn du in Berlin noch eine Aufgabe für mich hast, wirst du mich nach Berlin zurückbringen. Wenn nicht, dann nicht. Nach und nach erfüllte mich tiefer Friede, nachdem ich diesen wichtigen Entschluss gefasst hatte.

Konflikte

Konflikte durchziehen unser ganzes Leben. Wir liegen im Konflikt mit uns selbst, mit unseren Partnern – mit vielen! Manchmal auch mit Gott.

Eine Hauptquelle kann sein, dass wir uns selbst nicht mögen und annehmen. Wer sich selbst ablehnt, Selbsthass und Selbstverachtung entwickelt, hat auch sehr große Schwierigkeiten mit anderen. Machen Sie sich bewusst, dass Sie ein von Gott geliebtes Kind sind – trotz aller Fehler und Schwächen! Der jüdische Messias Jeschua, Jesus Christus, ist für unsere Sünden als Lamm ohne Fehl und Tadel geschlachtet worden. Nehmen Sie dies als Opfer, diese große Liebe von Gott immer wieder neu für Ihr Leben an!

Viele Menschen haben sehr hohe Standards; sie verlangen von sich und anderen ständige perfekte Leistung, perfektes Benehmen und perfektes Auftreten. Nun ist es aber so, das jeder, wirklich einfach jeder Mensch, auch einmal versagt. Wir brauchen ständig Vergebung.

Häufig haben wir schon in unserer Kindheit emotionalen Mangel erlebt, weil unsere Eltern eben auch einfach Menschen „aus Fleisch und Blut" waren. In ihrer Begrenztheit und trotz vieler Sünden haben die meisten Eltern ihr Bestes gegeben. Und selbst, wenn das nicht der Fall ist und Sie schwere emotionale Verletzungen erlitten haben, die nur notdürftig vernarbt sind, haben Sie immer die Möglichkeit, dies vor Gott zu bringen, ihn um die Kraft der Vergebung zu bitten und darum, dass Jeschua sein heilendes Salböl auf Ihr tief verwundetes Herz gießt.

Was können Sie tun, wenn Sie in einem konkreten „akuten Konflikt" sind? Ihr Gegner ist aufgebracht, äußert ständig Vorwürfe, greift Sie an, macht Sie – auch bei anderen –

schlecht und der Konflikt scheint immer größere Ausmaße anzunehmen.

Ich hab es mir zur Angewohnheit gemacht, den anderen, trotz meiner eigenen Wut und Ablehnung, ständig zu segnen und ihm zu vergeben. Häufig mache ich das mehrmals täglich. Ich bitte Gott auch, meine eigenen Verletzungen zu heilen.

Außerdem lasse ich alle meine Rechte los. Gott ist derjenige, der Ihnen immer Recht verschaffen kann! Aber wenn Sie selbst darum kämpfen, kann er das nicht tun! Sagen Sie immer wieder laut oder leise: Ich gebe alle meine Rechte an Gott ab!

Wenn konkrete Vorwürfe gegen mich ausgesprochen werden, pflege ich zu sagen: „Wenn ich dich ungerecht verletzt habe, bitte ich dich um Vergebung!" Häufig ist das nämlich der zentrale Punkt in einem Konflikt: Der andere glaubt, wir haben ihn zu Unrecht verurteilt und er fühlt sich gekränkt, verletzt und übervorteilt.

Vielleicht meinen Sie nun aber, dass Sie tatsächlich Recht haben und der andere Unrecht. In der Regel führt dies dann zu einem Aufeinanderprallen verschiedener

Meinungen und Standpunkte und zu einem „Austausch" mehr oder weniger heftiger Vorwürfe. Der Streit wird immer größer.

Hören Sie an diesem Punkt einfach auf, zu streiten. Nehmen Sie Ihren eigenen Ärger zurück und hören Sie dem anderen aufmerksam zu. Schon allein liebevolles und aufmerksames Zuhören und intensive Zuwendung kann einen Streit heilen.

Sprechen Sie dem anderen Wertschätzung zu, erkennen Sie jedoch die Tatsache an, dass es einen Konflikt gibt und geben Sie der Hoffnung Ausdruck, dass dieser sich in gemeinsamen liebevollen Bemühungen lösen lässt.

Es gibt Menschen, deren Konfliktfähigkeit „behindert" ist. Sie schaffen es nur sehr schwer, jemanden anderen mit einem – ihrer Ansicht nach – falschen Verhalten zu konfrontieren. Es kann dann sein, dass sich der Ärger und Unmut solange aufstauen, bis es zur Explosion kommt und schwere Vorwürfe, Wut und Zorn und Bitterkeit sich wie ein Wasserfall über den anderen ergießen. Vielleicht ist es dann z.B. nötig, den Konflikt in einzelne Teile zu zerlegen und die Vorwürfe und Vorhaltungen „getrennt zu behandeln".

Bitten Sie so jemanden, auf Sie zuzukommen, sobald sich in Zukunft wieder ein Konflikt andeutet und es nicht zu einer „dunklen Konfliktwolke" kommen zu lassen. Das gilt auch für Ehen.

Vielleicht meinen Sie jetzt, dieses lange, umständliche und „rührselige" Verfahren ist nichts für Sie. Sie möchten lieber an die Arbeit gehen und in ihrem stillen Kämmerlein „vernünftige und produktive Arbeit leisten" und sich nicht soviel um Konflikte kümmern?

Dann kann ich Ihnen versichern: Wenn Sie sich nicht um Konflikte kümmern, sei es in Ihrer Ehe, Ihren Beziehungen, Ihren Freundschaften oder auch im Arbeitsleben, dann kann es sein, dass diese alle Schaden nehmen und Sie mit einer Menge Schmerz und Kummer zurücklassen.

Die Kosten, die durch ungelöste Konflikte in Betrieben, Unternehmen und im öffentlichen Dienst in Form von versteckter Arbeitsverweigerung, und „Dienst nach Vorschrift" entstehen dürften sich auf Millionenhöhe belaufen.

Licht

Israel wurde von Gott auserwählt, ein Licht für die Völker zu sein (s. Jesaja [hebräisch: Jeschajahu] 49,6). Dies ist schon an den überdurchschnittlichen jüdischen und israelischen Leistungen in Kunst, Kultur und Wissenschaft sichtbar sowie der hohen Zahl der Nobelpreisträger

Im schönen Kino am Bundesplatz in Berlin sah ich einen Film „100 Jahre Bauhaus" Die Bauhausbewegung war auch stark jüdisch inspiriert. Ich habe nicht mit allem, was dort vertreten wurde, übereingestimmt, bin aber fasziniert gewesen von der geradezu überbordenden Kreativität. Diese zeigte sich sowohl in künstlerischer, tänzerischer, schriftstellerischer als natürlich auch in architektonischer Beziehung.

Die Nazis zerschlugen die Bauhausbewegung. Aber die Scherben flogen „in alle Welt", z.B. in die USA und nach Tel-Aviv, die „weiße Stadt", in der der Bauhausstil prägend für die Architektur wurde.

Es hat mich außerdem fasziniert, wie zwei Architekten der Gegenwart in den Slums von Lateinamerika ganz neue konstruktive

Lösungen fanden. Auf den Müllhalden von Medellin bauten sie Rolltreppen. Die Einwohner konnten von dort aus in die reichen Viertel fahren und die Wohlhabenden konnten ihre Armenviertel besuchen. Die verheerende Kriminalität, verursacht durch Armut und Drogensucht ist ganz stark zurückgegangen. Diese Architekten haben sozusagen „Licht in die Stadt" gebracht.

In diesen Bereichen sind und waren Juden ein Segen für die Welt.

Aber wie sieht es mit dem geistlichen Segen aus? Schließlich leben die Menschen nicht nur vom „Brot allein" wie einst Jeschua aus 5. Mose 8,3 zitierte sondern davon, den Willen Gottes zu tun und mit seinem Geist erfüllt zu sein.

Juden betonen aber immer wieder, dass ihr Gott „nur ihnen gehört". Sie lehnen Mission bewusst ab und betrachten den Gott Israels als ihren alleinigen Gott.

Das ist aber nicht Gottes Wille, sondern Gott will, dass allen Menschen geholfen werde. Die lebendige Beziehung zum Gott Israels ist wichtiger als alle künstlerischen und wissenschaftliche Errungenschaften. Die

Liebesbeziehung zu IHM, dem EWIGEN ISRAELS hat starke erlösende Kraft. Allen Menschen ist nur geholfen, wenn sie vom Geist Gottes erleuchtet werden. Nur die Liebe Gottes kann die Völker freisetzen und Frieden bringen. Und dazu hat er seinen Messias Jesus gesandt.

Aber Christen dürfen niemals vergessen, dass ihnen aus Israel dieser Messias geboren wurde. Auch die Bibel, alle heiligen Schriften, die 5 Bücher Mose, die Propheten und das Neue Testament (hebr. Brit Chadascha) sind uns von Israel geschenkt worden. Deshalb sollen wir Israel danken und segnen und ihm Gutes tun. Dazu können Israelreisen gehören, immaterielle und finanzielle Unterstützung, Ermutigung und Kampf gegen Antisemitismus. Als diejenigen, die auf die jüdische Wurzel des Ölbaums „aufgepropft" worden sind, haben wir die Pflicht so zu handeln. Siehe hierzu das hochinteressante Kapitel in Römer 11 im Neuen Testament. Dort sagt Paulus (hebr.: Schaul) klar, dass Israel trotz seiner Sünden und Fehler niemals von Gott verworfen wurde. Dagegen hat die christliche Kirche in ihrer Ersatztheologie behauptet, sie selbst sei nun an die Stelle Israels getreten.

Es ist im Gegenteil so, dass die Christen wie ein wilder Ölzweig in den Ölbaum eingepfropft sind und damit an dessen reicher Wurzel, dessen Heiligkeit und Segen, teilhaben, selbst wenn jüdische Zweige herausgebrochen wurden. Paulus warnt die Christen vor geistlichem Hochmut.

Nachhaltigkeit

In 3. Mose 25 ist das Schabbatgebot festgelegt. Dies besagt, dass man den Ruhetag halten soll. Dies soll auch für Fremdlinge, d.h. Flüchtlinge, Knechte, Gäste und sogar Tiere gelten. Damit dürfte die Massentierhaltung auch unvereinbar sein. Gott liebt Tiere und beschützt sie in seinen Geboten. Die grausamen Umstände der Massentierhaltung stehen diesem Gebot entgegen.

Nach 6 Jahren gibt es für ein Jahr Ruhe für das Land, es darf nicht ununterbrochen genutzt, besät und umgegraben werden. Im Bio-Bereich wird dieser Grundsatz schon zum Teil angewandt.

Nach 49 Jahren gibt es das Jobeljahr, das heißt, alle Sklaven und alle Verschuldeten werden freigelassen und ihr Besitz wird zurückerstattet, 3. Mose 25, V 8ff. Dies war ein großer Schutz für alle im alten Israel, die hoffnungslos verschuldet waren. Wenn dies in der heutigen Zeit z.b. auch für Mietschulden gelten würde, wäre dies eine revolutionäre Neuerung und ein wichtiger Schutz gegen Obdachlosigkeit – zusammen mit dem Gebot zum Almosengeben. Mensch und Natur würden nach diesen wichtigen Geboten Gottes bewahrt und beschützt.

Die ökologische Krise birgt die Gefahr in sich, dass in den nächsten Generationen – wenn man mit der Natur weiter so umgeht – diese völlig zerstört wird. So sind in den Gebieten mit agrarischer Monokultur Star und Spatz schon verschwunden.

Auch die Klimastörungen werden immer offensichtlicher. Wie lange soll es noch dauern, bis der Mensch sich für den Schutz der Natur einsetzt? Hoffentlich geschieht das, bevor die Welt zugrunde geht.

Auch der extreme Fleischkonsum in der westlichen Welt nimmt hungernden Völkern das Brot weg. Vegetarische Ernährung nährt auch und ist sogar häufig gesünder. Wenn das, was Tieren gefüttert wird, gespart würde um Hungernde zu segnen, würde dieses Problem weitgehend reduziert.

Wenn diese biblischen Grundsätze beherzigt würde, hätten wir auf der Erde tatsächlich „Schönheit mit Schalom."

Nazi-Geist

Es gibt kaum etwas, das größere Zerstörung angerichtet hat wie der Nazigeist. Leider erkannten viele Christen in der Nazizeit nicht, dass der Nationalsozialismus ein nationales Unglück war. Nicht wenige Christen waren selbst Nazis und haben an Nazi-Unrecht aktiv mitgewirkt.
Auch in christlichen Gemeinden und Familien wurde sogar für Hitler gebetet und er wurde wie ein „neuer deutscher Erlöser" betrachtet.

Meine Mutter und meine Tante besuchten in dieser Zeit einmal einen Gottesdienst in einer evangelischen Kirche. Die Kanzel war mit Nazi-Fahnen geschmückt und die Predigt wurde –zum Entsetzen beider! - mit „Heil Hitler" beendet.

Wenn über diese Dinge keine grundlegende Buße getan wurde und wird, kann es sein, dass immer noch ein Nazi-Fluch auf Ihnen oder Ihrer Familie liegt. Und auch auf Kirchen und christlichen Gemeinden.

Wenn Gott schon in früher Vorzeit zu Abraham sagte: „Ich will verfluchen, die dich verfluchen..." (1. Mose 12,3) handelt es sich nicht um einen altertümlichen Spruch, den der Gott Israels selbst vielleicht vergessen hat. Gott handelt danach – auch heute noch. Vielleicht entsteht beim Lesen dieser Zeilen etwas wie starke Abneigung in Ihnen oder sogar so etwas ähnliches wie Hass. Dann kann es sein, dass auch auf Ihnen oder Ihrer Familie ein Nazi-Fluch ist, der leider immer noch wirkt.

Das kann folgende Auswirkungen haben: Persönliche Probleme psychischer Art wie z.B. Depressionen. Sonstige starke Probleme mit sich selbst, Ehe- und Familienschwierigkeiten. Auch in Ihrem Beruf oder Unternehmen können sehr negative Auswirkungen entstehen.
Grundlegend kann gesagt werden, dass in diesem Fall der Segen Gottes in fast jedem Lebensbereich fehlt. Leider ruht auch auf vielen deutschen Familien immer noch ein

Nazi-Fluch. Das erklärt das Aufkommen des Neo-Nazismus.

Wenn Sie sich intensiver mit diesem Thema auseinandersetzen wollen, empfehle ich Ihnen das Buch von Jobst Bittner, Die Decke des Schweigens, Tübingen 2001.
Durch dieses Buch kann es Ihnen gelingen, unaufgedeckte Nazischuld in Ihrer Familie – auch bei den vorigen Generationen – sozusagen zu „entdecken" und dann aber auch frei davon zu werden.

In meiner Familie gab es Nazi-Unrecht durch zwei Großonkel. Der eine war Heinrich, der ein reicher Mann war und große Güter in Schlesien hatte. Er war der Meinung, dass es vorteilhaft für ihn sei, sofort in die NSDAP einzutreten, um sich diesen Reichtum beständig zu sichern. Das hat ihm letztendlich gar nichts genützt, er ist als bettelarmer Mann gestorben.

Der andere war mein Großonkel Adam. Er hatte allerdings nicht so recht begriffen, wer die Nazis waren, weil er sich in seiner Naivität bei seinen Vorgesetzten darüber beklagte, dass die Juden so schlecht behandelt wurden. Nach dem Zusammenbruch hatte er solche Angst vor den Amerikanern, dass er sich in den Wäldern versteckte bis jüdische und kommunistische Zeugen aussagten, dass er „okay" war.l

Über diese Familienschuld habe ich gebetet und gefastet und Gott stellvertretend um Vergebung gebeten. Danach habe ich aber die Vergebung auch angenommen und nach vorne geblickt. Soweit ich weiß, hat keiner in meiner Familie schwerwiegendes aktives Naziunrecht begangen. Auch wenn ich mich jetzt frei von Nazi-Schuld fühle, bedeutet das nicht, dass ich jüdische Freunde, die Verletzungen durch Nazis erlitten haben, nicht um Vergebung bitte.

Aber ich war von schrecklichen Schuldgefühlen befreit. Dies hatte auch die positive Folge, dass ich meine deutsche Identität endlich annehmen konnte.

Ich glaube nicht, dass Christen, die aktiv an Nazi-Unrecht mitgewirkt haben und keine Buße darüber tun, die Ewigkeit mit Gott verbringen können. Man kann nicht an den Juden Jesus glauben und gleichzeitig zur Ermordung jüdischer Brüdern und Schwestern Jeschuas beitragen.

Auch unter Juden selbst gab es Nazis bzw. sie haben mit Nazis zusammengearbeitet. Vielleicht können sich das viele überhaupt nicht vorstellen, es scheint geradezu paradox. Dennoch war es so – und nicht selten geschah es aus Not, Verzweiflung und Druck durch die Nationalsozialisten.

Dies war zum Beispiel der Fall bei den Judenräten im Warschauer Ghetto und auch in anderen Ghettos.

http://www.faz.net/aktuell/politik/politische-buecher/judenraete-in-den-ghettos-anpassung-und-unterwerfung-13902655.html

Die Nazis verlangten von den Judenräten, ihr eigenes Volk sozusagen zu „selektieren" für die Nazi-Vernichtung. Es war das dunkelste Kapitel der jüdischen Geschichte zu dieser Zeit (Hannah Arendt, s. Link oben)

Dies geschah unter grausamen Druck der Nazis.

Manche verkrafteten diesen extremen Druck nicht und begingen Selbstmord. Andere „funktionierten" jedoch entsprechend – wenngleich unter grausamen seelischen Qualen, manchmal aber auch unter dem

Opportunismus, auf jeden Fall das eigenes Leben zu retten.

Auch dies ist eine schreckliche Sünde, für die auch Juden und ihre Nachkommen die Vergebung Gottes brauchen. In diesem Fall ist man nicht durch „die Umstände" oder „die Nazis" gerechtfertigt. Es ist besser zu sterben und rein vor dem Gott Israels zu stehen, als sich so einem perversen Druck zu beugen. Sowohl die Nazis, die so einen Druck ausgeübt haben, aber auch die Juden, die sich ihm gebeugt haben, müssen sich in der Ewigkeit vor Gott dafür verantworten.

Ich habe in einer jüdisch-christlichen Gemeinde eine jüdische Dame kennen gelernt, deren Eltern Nazis waren. Sie schilderte offen ihre Probleme, die sie immer wieder in die Verzweiflung trieben: Sie fühlte sich vollkommen zerbrochen in „jüdischer Nazi-Identität". Durch Bitte um Vergebung und die liebevolle Hilfe der Gemeinde, konnte sie einen Teil der Probleme schließlich bewältigen. Aber es blieb eine schwere Last.

Öl

Im alten Israel wurden Könige mit besonderem koscheren Olivenöl gesalbt. So wurde Melech (König) David, der berühmteste König Israels vom Propheten Schmuel (Samuel) mit diesem besonderen Öl zum künftigen König Israels gesalbt. Wussten Sie, dass auch Sie sich salben können? Ich selbst benutze natives Olivenöl fast jeden Tag und bete, dass der Gott Israels mich mit seinem Segen und seiner Kraft salbt. Auch bei Krankheiten salbe ich kranke Körperteile mit Öl und bitte um Heilung. Wenn Ihr Herz z.B. durch andere verletzt und verwundet wurde, können Sie symbolisch die linke Brust salben, um Heilung ihres verletzten Herzens beten und auch um die Kraft, demjenigen zu vergeben, der Sie verletzt hat.

Auch Holocaust-Überlebende können dieses Verfahren täglich anwenden und Licht, Salbung und Heilung für ihre verwundeten Herzen und ihren verwundeten Körper erbitten.

Opferrolle

In meiner früheren Wohnung hatte ich
jüdische Nachbarn, die ich sehr liebte. Ich lud
sie immer wieder zu jüdisch-christlichen
Festen oder zum Essen ein. Es entstand ein
schöner nachbarlicher Kontakt und ich freute
mich sehr darüber. Dann zog ich in eine
andere Wohnung. Dieser Umzug kostete mich
zunächst viel Kraft und Nerven. Ich hatte es
nicht mehr geschafft, Kontakt zu diesen
Nachbarn zu halten. Außerdem hoffte ich
auch, dass sie sich bei mir mal meldeten.
Dies geschah jedoch nie.

Ich begegnete ihnen dann einmal wieder und
wollte sie freundlich begrüßen. Es war
allerdings eine deutliche Kälte und Ablehnung
zu spüren und es war klar, dass sie sich
darüber ärgerten, dass ich mich nicht mehr
gemeldet hatte. Der Mann begann, irgend
etwas aggressives gegen Araber zu sagen
und ich spürte, dass diese Aggressionen sich
eigentlich gegen mich richteten. Dies
verunsicherte mich stark und ich
verabschiedete mich schnell.

Diese jüdischen Freunde hatten sich – zu
meinem großen Bedauern - in eine Opferrolle
begeben. Sie wollten, dass ich mich als

Deutsche immer um sie kümmere, aber sie hatten von sich aus kein Interesse an dem Kontakt zu mir und wollten auch nie etwas in dieser Richtung unternehmen.

Warum hatten sie diese Haltung? Ich war kein Nazi, sondern hatte mich liebevoll um diese Freunde bemüht. Warum dann diese Gleichgültigkeit, dieser Vorwurf, diese Ablehnung?

In einem anderen Fall gab es einen Dienst der Zedaka (Gerechtigkeit) von Juden in Jerusalem. Sie unterstützten Arme und Holocaustüberlebende materiell durch Nahrung, Geld und sonstige Unterstützung. Ich spendete über Jahre mit für mich nicht unerheblichen Summen. Ich sandte ihnen dann einmal eine Festbotschaft mit der Darstellung meiner Ziele und bat – ein einziges Mal – um eine Spende. Sie waren so beleidigt, dass sie mir nie mehr wieder Informationen sandten.

Es gab eine Gruppe russisch-jüdischer Freunde, die ich sehr liebte – und immer noch sehr liebe. Ich versuchte, dieser Liebe immer wieder Ausdruck zu geben durch Freundlichkeit, dem Versuch positiver Kontaktaufnahme. Ich betete viel um Heilung der Wunden und Verletzungen dieser jüdischen Freunde. Immer wieder lud ich einige von ihnen zu Festen ein. Sie sind niemals gekommen. Ich begriff dann, dass es für sie unter ihrer Würde schien, deutsche Gastfreundschaft anzunehmen.

Wie schade! Ich hätte sie so gern in Krimsekt „gebadet" und mit Kaviar überschüttet. Aber sie wollten nicht, das musste ich dann akzeptieren.

Ich musste in den Schabbath-Gottesdiensten dort immer wieder weinen und begriff nicht, warum. Als ich Gott frage, sagte er mir: Dies ist der Hass der Juden gegenüber Deutschen. Und dieser Hass ist auch Sünde, auch wenn er – nach menschlichen Maßstäben – sehr verständlich erscheint.

Ich habe selbst in meiner Kindheit ein Trauma erlitten und ich weiß, was schwere innere Verletzungen bedeuten. Lange Zeit war auch ich in einer Opferrolle und es ist tatsächlich sehr schwer, ein tiefes Trauma zu überwinden. Ich lehnte diejenigen, die mich verletzt hatten, ab und begab mich jahrelang in eine selbstgewählte Isolation. Eine Zeitlang war das auch sinnvoll, damit die schweren inneren Verletzungen zum Teil heilen konnten. Aber solange ich in aggressiver

Verzweiflung und Ablehnung war, konnte ich keine Heilung erleben. Immer wieder führte ich mir die Verletzungen, die ich erlitten hatte vor Augen. Wie ein Film liefen diese immer und immer wieder in mir ab und lösten schließlich Depressionen aus.

Letztlich wurde mir klar, dass ich mich in einer Opferrolle befand, die ich überwinden musste. Ich entschied mich, zu vergeben und zu segnen. Jeschua half mir dabei. Er ist das Opferlamm, das für unsere Sünden geschlachtet wurde. Sse Elohim, von Anbeginn auserwählt zu sterben für uns. Nicht nur für Deutsche, sondern auch und zuerst für Juden.

Ich bitte jüdische Freunde, aus ihrer Opferhaltung herauszutreten. Warum wollen Sie Hitler nachträglich recht geben? Gott hat Juden nicht als Opfer erschaffen. Nicht der Holocaust sollte die jüdische Identität bestimmen, sondern die Gnade Jeschuas. Er ist ein Segen für jeden Juden, der ihn annimmt.

Ich fühle mich jetzt, als würde ich eine „Heilige Kuh" schlachten. Im Verhältnis zwischen Deutschen und Juden scheint es einen heimlichen und gleichzeitig unveränderbaren Konsens zu geben: Deutsche sind Täter, Juden Opfer. Aber es gibt viele Deutsche, die Juden lieben, sich mit ihrer ganzen Kraft und mit ganzem Herzen für sie und Israel einsetzen.

Warum wollen Sie, liebe jüdische Freunde, diese Liebe nicht annehmen? In den Zeiten, die kommen werden, werden Sie sie dringend brauchen!! Ja, sie sollten sie sogar hemmungslos genießen, damit sie „Schönheit mit Schalom" haben!!

Über den Antisemitismus

Der neu aufflammende Antisemitismus ist für jüdische Freunde wie ein doppelter Messerstich: Die Wunden der Nazizeit sind noch gar nicht verheilt, da kommt eine neue Welle von Hass und Ablehnung auf sie zu.

Während ich diese Zeilen schreibe, befinden wir uns zeitlich in der Nähe des Holocaustgedenktages Jom HaShoa und Juden wurden schon deswegen überfallen, weil sie eine Kippa trugen. Die Jüdische Gemeinde hatte dazu aufgerufen, sich solidarisch zu zeigen und öffentlich jüdische

Symbole zu tragen und der 25.4.2018 wurde zum Kippatag ausgerufen.

Ich habe an der Abend-Veranstaltung „Berlin trägt Kippa" am Gemeindehaus in der Fasanenstrasse auch teilgenommen. Es gab Grußworte von Gideon Joffe, Michael Müller, Volker Kauder und Lea Rosh. Sie sagte sinngemäß, dass Juden ihre Feinde bekämpfen sollten, dass Antisemitismus radikal zu bekämpfen sei. Ich mag Lea Rosh, aber ich glaube, dass durch so eine Haltung die Chance vergeben wird, Feinde zu Freunden zu machen.

Wenn Gott sagt, dass er Israel auserwählt hat, ein Licht für die Völker, für die ganze Welt zu sein, glaube ich, dass damit vor allem die Feinde Israels gemeint sind. Diejenigen, die Israel positiv gegenüberstehen und segnen sind sowieso schon im Licht. Aber gerade diejenigen, die Israel ablehnen und hassen, brauchen Erlösung, denn sie stehen unter dem Fluch Gottes. Gott aber will eigentlich, dass allen Menschen geholfen werde.

Die am meisten von Antisemitismus gefährdete Gruppe ist meinem Eindruck nach die der jungen Flüchtlinge. Manchmal sind diese jungen Männer nach extremen physischen und/oder auch finanziellen Einsätzen nach Deutschland gekommen. Sie sind jetzt abgeschnitten von ihrer bisherigen Kultur, haben häufig ihre Familien zurückgelassen. Immer häufiger haben sie auch immer weniger Aussicht darauf, ihre Familie nachkommen zu lassen. Sprach- und Mentalitätsprobleme tun ein übriges.

Ich wünsche ihnen, dass sie den Messias Israels erkennen, weil der Gott Israels auch Moslems liebt. Den Arabern hat er z.B. die Länder rings um Israel gegeben.

Wer den Gott Israels liebt, wird nicht zum Antisemiten werden und seine Söhne und Töchter hassen oder umbringen.

In der Berliner U-Bahn habe ich häufig offen sichtbar den Davidsstern getragen. Ich habe mich mit dem Schmerz Israels eins gemacht. Immer wieder spürte ich dann bei moslemischen Freunden Hass und Verachtung gegen mich und musste – und muss - auch immer damit rechnen, tätlich angegriffen zu werden. Ich habe auf Hass und Ablehnung jedoch nie mit der gleichen Ablehnung reagiert. Ich vergab sofort und segnete und betete für meine moslemischen

Freunde: „Bitte Herr heile und segne ihr verwundetes Herz und schenke ihnen deine Liebe!"

Immer wieder konnte ich dann beobachten, dass sich der Ausdruck von Hass und Ekel auf den Gesichtern verwandelte. Es gab dann manchmal einige Momente des Schweigens und des Stirnrunzelns, der „inneren Verwunderung" und des Fragens. Wenn ich dann freundlich lächelte wurde dieses sogar manchmal mit einem „Gegenlächeln" beantwortet. Ich glaube, dass Liebe und Segnen stärkere Waffen sind als alle Maßnahmen gegen Antisemitismus. Damit will ich aber nicht sagen, dass Mordangriffe und Körperverletzungen von Juden nicht bestraft werden sollten – auf jeden Fall muss dies geschehen. Auch die mörderischen Angriffe auf Israel sollen und müssen abgewehrt werden. Die Araber haben kein Recht, Israel ins Meer zu werfen. Sie müssen lernen, dass Israel Gottes auserwählter Sohn ist. Aber auch für die Araber hat Gott einen großen und guten Plan. Gott sagte in Vorzeiten zu Ismaels Mutter Hagar, dass er aus ihm große und starke Völker erstehen lassen will. Dies hat Gott wahr gemacht! Die großen Länder um Israel herum sind den Arabern von Gott gegeben worden. Es wäre

Israels Aufgabe, dies bewusst anzuerkennen. Für Araber ist Israel eine permanente Verwundung und ein Angriff auf ihr Ehrgefühl. Ehre spielt für die arabischen Völker eine große Rolle. Wenn Juden und Israel Araber als ihren älteren Bruder ehren würden, würde dies eine große heilende Wirkung haben – nicht nur für Araber, sondern auch für Juden selbst.

Ich bin selbst von Antisemitismus betroffen. Auf meiner Website und allen meinen Flyern befindet sich der Davidsstern in Form eines stilisierten Logos. Ich bekam mehrere Morddrohungen. Ich habe meinen Feinden vergeben, was nicht bedeutet, dass ich von Schmerz, Angst und Trauma verschont geblieben wäre. Einmal hatte ich den Eindruck, dass Neonazis einen Angriff auf meine Wohnung planten und flüchtete an einen anderen Ort, an dem ich Seelsorge, Ruhe und Wiederherstellung meiner verwundeten Gefühle fand.

Normalerweise empfehle ich Christen meistens, von Israel und Juden zu lernen: Von ihrem Mut, ihrem Kampfgeist, ihrem Glauben und vom Tanach. Dieser entspricht im wesentlichen dem Alten Testament; bloß der Ausdruck „alt" ist unangemessen. Das

„Alte Testament" ist keineswegs veraltet sondern – genauso wie das Neue Testament, hebr. Brit Chadascha - wirksam und lebendig, „schärfer als ein zweischneidiges Schwert". Mein messianischer Rabbi hat einmal gesagt, dass es in der Bibel nur ein Blatt gibt, das nicht von Gott ist: Nämlich das Trennblatt zwischen „Altem" und Neuen Testament: „Juden und Christen haben die e i n e Bibel in 2 Teile zerrissen!"

Ich wundere mich immer wieder, dass meine jüdischen Freunde sich so sehr über die Angriffe gegen sie ärgern. Israel ist von Gott auserwählt worden.

UND JEDER DER VON GOTT ERWÄHLT IST WIRD VON DER WELT GEHASST!

Im Hinblick auf Antisemitismus empfehle ich Israel und Juden, von den Christen zu lernen: Im Laufe der Kirchengeschichte sind viele Millionen Christen um ihres Glaubens willen getötet worden. Ich meine jetzt nicht die, die Juden ermordet haben und an den Kreuzzügen teilgenommen haben und die „Christen", die mit den Nazis zusammengewirkt haben, um Juden zu ermorden, sondern diejenigen, die Jesus - Jeschua - von ganzen Herzen nachgefolgt sind. Das Töten dieser Christen geht auch heute weiter. Als ein grausames Beispiel hierfür sei Nordkorea genannt. Aber Christen beklagen sich nicht darüber, sondern fordern vielmehr sogar auf, für ihren Herrscher Kim Jong-Un zu beten. Christen wissen, dass sie um ihres Glaubens willen gehasst werden können und wundern sich nicht darüber, dass das geschieht. In vielen islamischen Ländern sind Kirchen verbrannt worden – und manchmal auch die Menschen in ihnen. Dennoch haben viele Christen nicht mit Hass und Ablehnung reagiert, sondern ihren Feinden sogar Gutes getan.

Die Organisation Open Doors veröffentlicht jedes Jahr einen Weltverfolgungsindex, der über die Lage von Christen Auskunft geben soll. Nach den jüngsten Schätzungen der Organisation leiden derzeit etwa
309 Millionen Christen weltweit unter Verfolgung (Weltverfolgungsindex 2021).

Sexualität

Sexualität ist ein wunderbares Geschenk Gottes an Mann und Frau. Sie ist nicht „schmutzig und unrein" wie es häufig infolge der Leibfeindlichkeit der Kirche gelehrt wurde, was zu vielen sexuellen Frustrationen, gebrochenen Herzen und zerbrochenen Ehen geführt hat.

Das Judentum ist hingegen körperbetonter und lustvoller. Das kommt schon im erotischsten Buch der Bibel, nämlich dem Hohelied der Bibel zum Ausdruck. Es schildert in wundervoller Lyrik die Liebesbeziehung zwischen Mann und Frau.

Ein Rabbiner hat darauf hingewiesen, dass Sexualität nicht durch den Sündenfall von Adam und Eva zur Sünde geworden ist. Vielmehr ist der Geschlechtsverkehr in der Ehe rein, das wird auch im Neuen Testament (hebr. Brit Chadaschah) zum Ausdruck gebracht.

Ich wusste lange nicht, dass es auch „koscheren Sex" gibt, aber das ist tatsächlich der Fall. Eheleute sollen nicht jederzeit miteinander verkehren, sondern erst dann, wenn die Frau 7 Tage nach der Periode in das jüdische Tauchbad „Mikwe" gegangen ist. Insgesamt ist der Verkehr an 12 Tagen im Monat nicht erlaubt. In dieser Zeit bemüht man sich vor allem auf freundschaftlicher Ebene umeinander. Dies wiederum führt dazu, dass Mann und Frau sich nach dieser

Zeit wieder ganz neu begehren. Das hält die Ehe frisch bis ans Lebensende.

Häufig geht sexuelle Frustration einher mit mangelnder Selbstliebe und Verachtung des eigenen Körpers. Es empfiehlt sich dann, den Körper liebevoll zu schmücken, ihn bewusst wahrzunehmen. Tanz kann sehr hilfreich sein. Auch der Bereich der Seelsorge ist wichtig: Erfahrene Ehemänner und –frauen können in einer Gemeinde jungen Paaren hilfreich beistehen.

Wenn es allerdings um schwere traumatische Störungen geht, sollte man Heilungsgebet, Seelsorge und gute Therapie in Anspruch nehmen.

In der Sendung „Koscherer Sex" in www.bibeltv.de wurde über eine jüdische Hochzeit, ihre Vorbereitung und ihren Ablauf berichtet. Der zukünftige Ehemann wurde vor der Hochzeit in Tel-Aviv interviewt und er sagte, es sei schwer, z.B. in ein Geschäft zu gehen und nicht daran zu denken, was ihm selbst gefalle, sondern sich immer zu fragen: „Was gefällt meiner Frau?" Aber ein guter Ehemann solle so denken.

Die wunderschöne Hochzeit wurde in vielen Details gezeigt. Für weitere Details zur Hochzeitsnacht könne man sich an einen Rabbiner wenden, der aber nicht „im Fernsehen" darauf antworten werde.

Ich sah einmal einen französischen Film über ein Ehepaar im jüdisch-orthodoxen Bereich, dessen Ehe in eine Krise geraten war. Die Frau verweigerte sich ihrem Mann. Dieser war darüber sehr verzweifelt. Er liebte sie, wollte ihr aber nicht zu nahe treten. Sein sexueller Druck wurde immer größer, die Entfremdung zwischen den Eheleuten wuchs und das unheilvolle Wort „Scheidung" schien auf einmal eine Lösung zu sein.

Die Frau ging traurig und bekümmert in die Mikwe und dort traf sie eine ältere Jüdin, die wie eine Art „Mikwe-Mamme" war und dort die Frauen betreute. Eine liebevolle und weise Jüdin, die erkannte, was in ihr vorging. Es war erstaunlich, mit wie viel Liebe, Sensibilität und Zuwendung sie der jungen Frau half, aus ihrer Deprimiertheit und Erstarrung auszubrechen und sich ihrem Mann langsam wieder zu öffnen. Zwar waren die ersten körperlichen Annäherungen sehr schwierig, aber der Mann erkannte die Bereitschaft seiner Frau, sich ihm wieder zu öffnen, freudig an. Nach einigen weiteren Versuchen kam es dann zum ersten Verkehr. Schließlich trat wieder das „vollkommene Eheglück" ein, beide konnten sich genießen. Beide wurden immer schöner, denn guter Sex macht glücklich. Der Mann erklärte dann freudestrahlend: Wir werden nach Israel auswandern, worauf ihm seine „Ische" (Frau, nach dem hebräischen Wort „ischa") freudig zustimmte.

Arbeiten auch Sie an Ihrer Sexualität, um „Schönheit mit Schalom" zu geniessen. Darüber gibt es auch viele gute Bücher.

Dies gilt übrigens auch für Singles. Es ist traurig, manchmal zu sehen, wie sowohl Single-Frauen als auch –Männer sich vernachlässigen, in Depression verfallen und in immer größerer Selbstverachtung versinken. Ich bin selbst Single und genieße mich selbst und meine Schönheit. Jeder ist ursprünglich schön geschaffen. Wir sind aber meistens nicht dazu geschaffen. „Model-Maße" zu haben, unseren Körper und unsere Seele „herunterzuhungern" und dann, wenn wir das nicht schaffen, in Selbstmitleid und Depression zu versinken.

Auch Singles sollen Gott mit ihrem Körper Ehre machen, sich selbst, andere und das Leben genießen. Nach Gottes Gebot ist aktive sexuelle Betätigung mit anderen zwar nicht erlaubt, aber Jesus kann uns helfen. Sexuelle Reinheit und Enthaltsamkeit haben ihre eigene Schönheit und Ausstrahlung.

Weiterführende Literatur:

Allgemein:
Liebe und Respekt, Emmerson-Eggerichs, Gerth Medien
Liebelust: https://www.scm-shop.de/liebeslust.html
Alltagslust: https://www.scm-shop.de/alltagslust.html
Verliebt, verlobt, verheiratet: https://www.scm-shop.de/verliebt-verlobt-verheiratet-verschieden.html
Beziehungsstark: https://www.scm-shop.de/beziehungsstark.html

Für Männer:
Entdecke deine Frau: https://www.scm-shop.de/entdecke-deine-frau.html
Sexlife https://www.scm-shop.de/sexlife.html

Für Frauen:
Entdecke deinen Mann: https://www.scm-shop.de/entdecke-deinen-mann-7489352.html
Mein Gebet macht uns stark. https://www.scm-shop.de/mein-gebet-macht-uns-stark-44714.html

Wie man Alter und Tod bewältigt

Das Alter ist für viele mit der Angst vor dem Abbau der körperlichen und geistigen Fähigkeiten verbunden. Viele haben auch immer größere Todesangst.

Viele fragen sich, was nach ihrem Tod sein wird und wohin sie gehen werden. Auf meiner Lieblings-S-Bahnfahrt zwischen Zoo und Hackeschem Markt sah ich eine junge Frau, die einen Stoffbeutel mit dem Aufdruck trug. „When i die my cat will get all" - „Wenn ich sterbe, erbt meine Katze alles". Ist das die einzige Perspektive, die wir im Hinblick auf den Tod haben können?

Wer sich den Gott Israels erwählt hat, hat bessere Aussichten. In Psalm 92 wird dem Glaubenden versichert: Auch, wenn er alt und grau wird, wird er grünen und blühen und für alle Zeiten im Vorhof des Herrn sein.

Ein interessantes Beispiel dafür sind die 12 Kundschafter, die Mose in das zukünftige gelobte Land aussandte, um dies zu erkunden.

Zehn von ihnen erklärten bei der Rückkehr, dass man dieses Land unmöglich einnehmen könne, da die Menschen, die es bevölkerten riesengroß und unbesiegbar seien. Sie sahen nur auf die sichtbaren Umstände und nicht auf Gott, der ihnen dieses Land versprochen hatte. Zwei der Kundschafter, nämlich Josua und Kaleb, hatten eine ganz andere Haltung zu diesem Problem. Sie glaubten, dass dieses Land einnehmbar war, weil Gott mit ihnen war und sie segnen würde bei diesem Kampf, dagegen sei der Segen von den bisherigen Einwohnern gewichen.

So kann es auch Ihnen beim Blick auf das Alter ergehen:
Sie können angstvoll auf die sich nach und nach einstellenden Alterssymptome starren, auf Ihre Schmerzen, Unpässlichkeiten und Befürchtungen. Jeschua hat uns dagegen die Vollmacht gegeben, sowohl für uns selbst als auch andere um Heilung zu bitten.

Ich denke daran, dass in meiner Gemeinde unzählige Male für Schwer- und Todkranke gebetet wurde. Mit Rührung denke ich daran, dass viele von ihnen geheilt wurden oder jedenfalls in Frieden sterben konnten.

Sie können glauben und sich dafür entscheiden, dass Sie Ihr Alter positiv sehen und genießen können: Ihre Lebenserfahrungen, Ihr erworbenes Wissen und Ihre Familie und Freunde.

Der Lebensrückblick spielt im Alter eine große Rolle: Was habe ich erreicht? Was habe ich unterlassen? Warum ist dieses oder jenes gerade so oder so gekommen. Man denkt immer: Hätte, hätte – Fahrradkette. Darin kommt schon zum Ausdruck, dass man sich diesem Zustand immer und immer wieder in endlosen „Warteschleifen" widmen kann.

So geht es auch mir: Mein großer Wunsch war ursprünglich, zu heiraten und Kinder zu bekommen. Beide Wünsche sind bis heute unerfüllt geblieben. Ich spekuliere dann häufig über das „Wie und Warum?" Aber sind diese Fragestellungen weiterführend und könnten sie überhaupt irgendetwas ändern, außer, dass wir uns der unseligen „Warteschleife" hingeben?

Wie wäre mein Leben verlaufen, wenn ich jung geheiratet hätte? Vielleicht hätte ich Kinder bekommen und eine schöne Familie. Aber das super-spannende Leben, das ich genossen und manchmal auch erlitten habe, hätte ich nicht gehabt. Ich hätte mich wahrscheinlich als junge Juristin nicht auf spanisches Wirtschaftsrecht spezialisiert, da meine potentiellen Kinder immer nach mir gerufen hätten. Schließlich bin ich sogar nach Spanien gegangen und habe in meinem Beruf dort gearbeitet. Es war eine der interessantesten, schönsten und herausfordernsten Zeiten meines Lebens, die mich und meine Persönlichkeit stark geformt hat. Ich habe dort gelernt, meine anerzogene preußische Disziplin los zu lassen und zu feiern und zu genießen. Bis heute genieße ich das. Dort habe ich auch gelernt, mich auf eine völlig andere Mentalität einzustellen, was mir später im Leben immer wieder geholfen hat.

Andererseits ist der „Kindertraum" und die ersehnte „Kinderüberraschung" mangels Vaters nie wahr geworden. Dabei liebe ich Kinder so sehr. Hätte, hätte – Fahrradkette!

Gott hat mir allerdings in seiner Gnade ein wunderschönes „geistliches" Kind geschenkt – ein schönes junges Mädchen. Wir machen viel zusammen: Tanzen, singen, laufen, viel viel Lachen, zusammen backen, essen und kochen. Das ist eine große Bereicherung meines Lebens.

Letztlich habe ich festgestellt, dass ich am zufriedensten bin, wenn ich mein Leben so akzeptiere, wie es ist: Manchmal spannend, laut, feiernd. Musikalisch und sportlich. Manchmal voller Schmerz in der Einsamkeit, in diesen Momenten schreie ich zu Gott um Erlösung. Ja, so etwas dürfen wir machen. Wir müssen nicht immer unser „gleichmäßig verfasstes und versteinertes Kirchengesicht" zur Schau tragen. Auch David schrie in seinem Schmerz „Wie ein Hirsch nach frischem Wasser schreit, so schreit meine Seele zu dir mein Gott .." (frei nach Psalm 42)

In den Momenten der Ruhe und Stille vor Gott bin ich geistlich unglaublich gewachsen – ich habe mich mehr und mehr in den Gott Israels verliebt und in seinen Messias. Häufig geschah das beim ruhigen Sitzen vor meiner Menorah, dem jüdischen 7-armigen Leuchter,

UND DIESER GOTT HAT SICH AUCH IN MICH VERLIEBT....!

Dies enthebt mich jedoch nicht der Aufgabe und Verpflichtung, mit meinem Alter gut umzugehen. Meine Wünsche müssen dabei nicht sterben, bis heute hoffe ich auf den „Traumprinzen" von dem mir versichert wurde, das es ihn nun wirklich nicht, aber auch überhaupt gar nicht gibt. Diese Kommentare stammen meist von ernüchterten oder enttäuschten Eheleuten. Aber warum sollte ich ihnen glauben? Ich glaube viel lieber an meinen Traum: Den Traum, in der Fülle meiner Jahre, in der ich an Weisheit (zumindest teilweise) gewonnen habe noch den attraktiven messianischen und unternehmungslustigen Partner zu bekommen, den mein Herz sich ersehnt und mit dem ich Gott dienen und das Leben genieße will. Und falls der Traum nicht wahr wird, genieße ich mein Single-Leben und die Früchte, die mir Gott schenkt wie Liebe, gute Gemeinden, Freunde, meine Familie. <u>Und auch die Früchte, die mein Leben gebracht hat: Feste, jüdisch-christliche Stadtführungen, Veröffentlichungen und Erkenntnisse</u>

Trotz mancher Zipperlein und Schmerzen können Sie sich entscheiden, Ihren Körper fit zu halten, z.B. durch gute Ernährung und Bewegung.

Dennoch ist es eine Tatsache, dass wir in unserem allerletzten Lebensabschnitt manchmal hilflos wie ein Kind werden können und auf die Pflege und Fürsorge anderer angewiesen sind

Dabei macht es einen großen Unterschied, ob man dem Lebensende als Glaubender oder Ungläubiger entgegen geht.

Wer nicht glaubt, geht dem Lebensende mit der resignativen Haltung entgegen, dass nach dem Tod ja doch alles zu Ende ist und dass „meine Asche zu Asche" kommt.

Der Glaubende kann eine viel glücklichere Perspektive haben: Wenn er Jeschua, den jüdischen Messias in sein Leben aufgenommen hat, kann er einst bei Gott im himmlischen Jerusalem sein.

Auch ihm bleiben jedoch beim Übergang vom Leben zum Tod Ängste und Kämpfe nicht erspart. Ob gläubig oder nicht: Es ist entscheidend, wie wir aus dem Leben scheiden: Mit Bitterkeit gegen unsere Partner, Familien, Freunde und Feinde oder ob wir darum gekämpft haben, mit allen versöhnt zu sein, auch mit denjenigen, die uns viel Schmerz und Schaden zugefügt haben. Und – nicht zuletzt! - versöhnt auch mit uns selbst!

Der Glaubende hat hierbei den Vorteil, dass er Jesus-Jeschua um Vergebung bitten kann. Wer selbst vergeben hat und Befreiung erfährt kann auch anderen besser vergeben und sich versöhnt verabschieden.

Mama

Bei meinem letzten Familienbesuch lag meine Mutter im Krankenhaus. Als ich sie sah war ich schockiert: Sie sah uns mit verwirrtem Blick an, das Gesicht war stark rötlich verfärbt, sie schien uns gar nicht zu erkennen, der Mund war halb geöffnet ich sah einen einzelnen Zahn und insgesamt schien das Gesicht vor Angst, Schmerz und Einsamkeit wie verzerrt zu sein.

Sie lag reglos da, an verschiedene Schnüre „angekettet". Ich sah an ihren Armen und im Gesicht viele rote große Flecken. Die

Umgebung wirkte kalt, steril und es gab eine Toilette hinter einem Plastikvorhang.

Ich hatte den Eindruck, dass meine Mutter im Sterben lag und war selbst voller Angst und Schrecken. Ich streichelte ihre verwundeten und verfärbten Arme und war wie erstarrt. Sollte so das Lebensende von Mama sein? Was konnte ich bloß machen, waren meine Familie und ich dieser Situation hilflos ausgeliefert?

Plötzlich fiel mir ein, dass Jesus – Jeschua - uns den Auftrag und die Vollmacht gegeben hat, Menschen zu heilen. Spontan legte ich meiner Mutter die Hände auf den Kopf und begann laut um Heilung zu beten, ja, fast zu schreien. Mich rührten die wenigen weißen Haare auf ihrer roten Kopfhaut und ich betete und betete mit all meiner Kraft: „Jeschua, heile Mama, sende Engel, die sie stärken und trösten!" Dieses Gebet sprach ich anhaltend immer wieder und siehe da: Ein Wunder geschah: Die verängstigten Gesichtszüge entspannten sich, der Ausdruck von tiefer Erstarrung und Verzweiflung löste sich, ich hatte den Eindruck, dass sie mich und meine Schwester langsam erkannte oder zumindest die Liebe, Zuwendung und Gebete fühlte.

Wir verabschiedeten uns nach einer Weile. Dennoch saß mir der Schreck so tief in den Knochen, dass ich viele Stunden in der darauffolgenden Nacht nicht schlafen konnte.Dann sagte ich mir: Wenn ich schon nicht schlafen kann, kann ich wenigstens für Mama beten – und das tat ich dann auch; dies tröstete mich selbst. Einerseits bat ich um Heilung, andererseits legte ich sie in Gottes Hand. Ich sagte: Selbst, wenn Mama stirbt, wird sie bei dir sein, oh ewiger Gott. Ich nehme alles aus DEINER HAND AN, sei es Heilung oder Tod. Dies tröstete mich so sehr, dass ich dann doch noch ein paar Stunden Schlaf fand.

Am nächsten Tag besuchten wir Mama als Geschwister gemeinsam, d.h. mein Bruder, meine Schwester und ich. Sie sah schon deutlich verändert aus, mein Eindruck war, dass sie uns irgendwie liebevoll wahrnahm und die Liebe ihrer Kinder spürte. Jeder sprach liebevolle Sätze über ihr aus und dann umarmten wir uns in unseren blauen Hygienekitteln und beugten uns über sie, schweigend, Anteil nehmend und bewegt.

Immer wieder streichelten wir ihr Gesicht, was sie enorm zu genießen schien. Sie schloss genüsslich die Augen dabei. Auch wenn bei sehr alten oder sterbenden Menschen viele Wahrnehmungen reduziert sind, können sie auf Berührung und Streicheln immer noch positiv reagieren.

Ich kann im Nachhinein bezeugen, dass dies einer der bewegendsten Momente in unserer Familiengeschichte war.

Am nächsten Tag verabschiedete ich mich, meine Schwester nahm ihr Gesicht liebevoll und zärtlich in ihre Hände.

Das Sterben ist die schwerste menschliche Aufgabe, aber jeder kann es lernen. Wir sollten uns der Tatsache bewusst sein, dass wir in etwas neues hineingeboren werden, in eine ewige Welt, in der es kein Schreien, keinen Schmerz und keinen Tod mehr geben wird. Alle diese Dinge sind Ausdruck der Sünde des Menschen, aber der Messias Jesus ist gekommen, um diesen Zustand zu überwinden.Wir sollten uns außerdem bewusst machen: Wenn wir den Tod in unser Leben nicht „aufnehmen" und uns seiner Konsequenz bewusst sind, können wir auch nicht richtig leben.

Für Israel, Juden und Star-Cross riskiere ich mein Leben. Ich bin davon überzeugt: Wer nicht weiß, wofür er zu sterben bereit ist, kann auch nicht richtig leben.

Mammele lebt....und stirbt!!

Meine Mutter schlief am 25.1.2019 friedlich ein. Sie war 92 Jahre alt geworden. Das „alte Kind", das fast schon als Baby gestorben wäre, hatte uns alle eines besseren belehrt.

Die Beerdigung fand an einem strahlenden Sonnentag eine Woche später statt. Als Mamas Sarg im Boden versenkt wurde, wurde mir die Grausamkeit und Endgültigkeit des menschlichen Todes ganz stark bewusst. Es zerriss mir das Herz, aber ich war nicht fähig zu weinen.

Ich war unendlich dankbar, dass in diesem Moment meine Freundin Orly in Israel für uns ein Kaddisch (jüdisches Gebet für Tote) sprach. Sie hatte sich dafür extra nach der Uhrzeit der Beerdigung erkundigt. Mir bedeutet das immer noch soviel. Danke Orly!

Bei der Nachfeier kamen viele aus dem Diakoniezentrum, um sich zu verabschieden. Auch ein älterer Herr. Dieser hatte sie – mit Blumenstrauß – besucht, nachdem sie von ihrer Wohnung in die Pflegeabteilung verlegt worden war.

Wir amüsierten uns alle, als sie uns danach voller Empörung erzählte: „Ich heirate nie mehr wieder!" Sie glaubte wohl, dass der Besuch und der Blumenstrauß eine Art Heiratsantrag war.

Jetzt kam dieser alte Mann, in feinsten Zwirn gekleidet, an Gehstöcken zur Feier, mit einem zärtlichen und ergriffenem Ausdruck auf dem Gesicht. Ich war verblüfft! Hatte er Mama geliebt? Genau weiß ich es nicht, aber ich weiß, dass unsere alte Dame bis fast zu ihrem Lebensende eine schöne Frau war.

Jetzt darf sie bei dem sein, dem sie ihr Leben lang treu nachgefolgt ist: Jesus Christus, dem Anfänger und Vollender ihres Glaubens.

Nachwort

Ich bin dankbar für Israel. Aus diesem Volk wurde mir mein jüdischer Messias Jesus, Jeschua Ha Maschiach geboren. Er hat mich mit dem Feuer seiner Liebe verwandelt, mir nicht nur ein neues, sondern auch ein ewiges Leben geschenkt.

Ich bin dankbar für Juden. Die messianischen Juden haben mir den Messias gezeigt. Deutschen Juden verdanke ich die reiche jüdische Kultur dieses Landes, das Abenteuer ihrer Freundschaft und Liebe.

Schutz, Segen und Bewahrung wünsche ich Israel und allen Juden auf der Welt. Ich wünsche ihnen, dass sie sich von Haltungen befreien können, die lebensverhindernd sind.

Ich wünsche Juden und Christen, Israelis und Deutschen, dass sie offene, lebendige und liebevolle Beziehungen entwickeln können und dass sie ungesunde Muster wie Opferhaltung auf jüdischer Seite und ungesunde Täterscham auf deutscher Seite überwinden können. Ich glaube, dass Gott uns aus diesen krankmachenden Beziehungsmustern befreien will und uns wirkliche Liebe untereinander schenken will. Das wäre für uns alle wie Leben aus den Toten!

SCHALOM JÜDISCHE FREUNDE!!!!

SCHALOM ISRAEL!!!!

SCHALOM DEUTSCHLAND!!!!

Möge der Gott Israels die Wunden der Shoa in jüdischen Herzen heilen

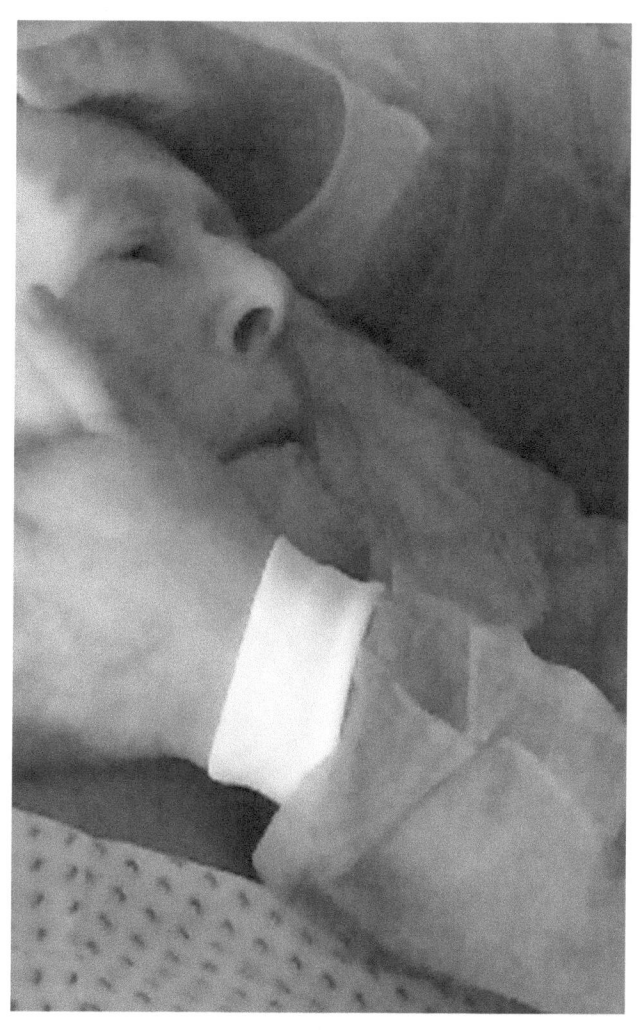

**Meine Mutter in den Armen
meiner Schwester**

Schönheit mit

Schalom

Star-Cross Entertainment ist ein jüdisch-christlicher Versöhnungsdienst durch jüdisch-christliche Führungen, Events und Publikationen.

Fragen Sie auch nach dem Buch
„Stern trifft Kreuz"
Leseprobe auf www.star-cross-edition.de

KONTAKT: info@star-cross.de

Christiane Leimbach

Stern trifft Kreuz

Jüdisch-Christliche Kurzgeschichten

STAR
CROSS
edition

Zeitfracht Medien GmbH
Ferdinand-Jühlke-Straße 7
99095 Erfurt, Deutschland
produktsicherheit@kolibri360.de